Paris-Cocu

OUVRAGES DU MÊME AUTEUR

Les Curiosités de Paris
Les Jeux et les Joueurs
La Commune de Paris en 1871
Les Virtuoses du Trottoir
Les Mémoires Secrets de Troppmann
Les Sauterelles Rouges
Paris-Oublié
Paris-Police

Paris-qui-s'efface
Paris-Escarpe
Paris-Canard
Paris-Boursicotier
Paris-Palette
Paris-Impur
Paris-Galant
Paris-Médaillé

Pour paraître successivement

Paris-la-Nuit
Paris-Ambulant
Paris-Dompteur
Paris-Mastroquet
Paris-Brasserie
Paris-Bastringue
Paris-Cabotin
Paris-Palais
Paris-Brocanteur
Paris-Gargantua
Paris-Canotier
Paris-Tripot

Paris-à-Table
Paris-Mendigo
Paris-Prison
Paris-Escrime
Paris-qui-S'éveille
Paris-Toqué
Paris-Musicien
Paris-Plaideur
Paris-Domestique
Paris-Gavroche
Paris-Borgia
Paris-Badaud

En Collaboration

Les Maisons Comiques
Ces Dames du Grand-Monde
Paris-Croquemort

Saint-Amand (Cher). — Imprimerie DESTENAY, Bussière Frères

Paris-Cocu

PAR

CHARLES VIRMAITRE

PARIS
LÉON GENONCEAUX, ÉDITEUR
3, RUE SAINT-BENOIT, 3

1890

Tous droits réservés

Il a été tiré de cet ouvrage 25 exemplaires sur papier jaune à dix francs l'un.

En Guise de Préface

EN GUISE DE PREFACE

Mettez ensemble, la tête d'une linotte, la langue d'un serpent, les yeux d'un basilic, l'humeur d'un chat, l'adresse d'un singe, les inclinations nocturnes d'un hibou, le brillant du soleil et l'inégalité de la lune, enveloppez tout cela d'une peau bien blanche, ajoutez des bras, des jambes, etc., et vous aurez une femme complète.

CHESTERFIELD.

La femme a naturellement l'instinct du mystère, elle prend plaisir à se voiler et ne découvre jamais qu'une moitié de ses grâces et de sa pensée, elle peut être devinée, mais non connue. Comme mère et comme vierge, elle est pleine de secrets, elle fut formée pour la vertu et le sentiment le plus mystérieux, la pudeur et l'amour.

CHATEAUBRIAND.

Voilà le caractère des femmes : Voulez-vous une chose, elles ne la veulent pas ; ne vous en souciez plus, elles la désirent.

TÉRENCE.

O femme, quel souffle divin épura tes traits, fit éclore ton sourire et plaça sur tes lèvres le baume qui vivifie et le poison qui consume?

MARCHANGY.

Les femmes se perdent plus souvent par des imprudences que par des fautes réelles.

NINON DE L'ENCLOS.

Une cour sans femmes est une année sans printemps et un printemps sans roses.

FRANÇOIS Ier.

Serments de belles, c'est sur l'haleine des vents, c'est sur la surface des ondes que vous êtes gravés.

CATULLE.

C'est quelque chose de bien bizarre que le sexe ! Ça aime mieux sécher sur pied que de dire franchement ce que cela a dans l'âme.

A. MOWINSKY.

C'est d'une femme qu'il faut apprendre tout ce qui peut entrer de sublime dans une âme.

Combien de femmes vertueuses sont des épouses insupportables !

Les femmes règnent où la décence règne, elles ne sont rien où domine la licence. Aussi, interrogez les deux sexes ! La licence est la tendance de l'homme ; le respect des mœurs et des usages, celle de la femme.

Gœthe.

Des vices ou des vertus des femmes, dépend le malheur ou la gloire de leur nation.

Elise de Voinet.

Les femmes, c'est la couleur et le parfum de la rose, c'est l'éclat, la pureté du cristal... et surtout la fragilité.

Lope de Vega.

Le Miracle de l'Amour, c'est de guérir la coquetterie. Les femmes ne seraient pas ce qu'elles sont si les hommes étaient ce qu'ils doivent être.

Soret.

Nous autres femmes, le ciel ne nous fit point naître pour régenter les humains, mais pour les adoucir, leur plaire, leur donner, non des préceptes, mais des jours de bonheur, mais des exemples de vertus.

Fanny de Beauharnais.

Les femmes font habituellement de la confidence le premier besoin de l'amitié, et ce n'est plus alors qu'une confidence de l'amour.

Mme de Staël.

La nature éprouve les femmes par la douleur, les lois par la contrainte, et la vertu par les combats.

THOMAS.

C'est en poussant un hélas! *qu'une femme en admire une autre.*

Mme DE SIMIANE.

Les femmes vont autant au spectacle pour être vues que pour voir.

OVIDE.

Depuis que la femme est devenue un objet de luxe, on est obligé de consulter sa fortune avant d'en faire la dépense.

LÉON GOZLAN.

Les femmes peuvent moins surmonter leur coquetterie que leurs passions.

LAROCHEFOUCAULD.

Le dieu dont le tonnerre éclate sur nos têtes créa la femme pour soulager nos peines, pour partager nos travaux, et souvent, nous donnant le mal pour le bien, la femme devient une source de douleurs pour les malheureux mortels.

HÉSIODE.

Arlequin, défenseur du beau sexe, dans le théâtre Italien, trace ainsi le portrait des femmes :

Voulez-vous bien connaitre une femme ?

Figurez-vous un joli petit monstre qui charme les yeux et choque la raison, qui plait et qui rebute, qui est ange au dehors et harpie en dedans.

GHÉRARDI.

Ce n'est qu'aux hommes que nous enseignons la morale et aux femmes que nous demandons des mœurs.

DESMOUTIERS.

La femme est un sot et déplaisant animal.

ERASME.

La femme nous donne le goût, nous accompagne dans la vie et nous ferme les yeux, sainte et douce Trilogie : mère, épouse, fille, la femme est toujours notre ange gardien.

OSCAR DE POLI.

Que la femme que vous épousez n'ait point un langage affecté, il faut qu'une mère puisse faire impunément un solécisme.

JUVÉNAL.

Les femmes sont coquettes comme elles sont jolies, sans y penser, et quand elles n'aiment que vous, il faut bien leur pardonner de vouloir plaire à tout le monde.

Dupaty.

Les femmes se plaignent que nous imposions des limites trop étroites à leur génie ; il est vrai que nous les aimons mieux aimables que savantes. Jolies et légères comme des papillons, nous ne voulons pas leur permettre de voler au-dessus des fleurs. Tout ce qui peut les fatiguer nous effraye, la métaphysique nous paraît trop obscure pour elles, l'histoire trop sévère, les sciences trop arides, et Voltaire était peut-être le seul qui ne trouvât pas le compas déplacé dans les mains d'Emilie.

A. Julien.

Tout à la mode nouvelle,
A son mari parlant haut,
Eloignant ses enfants d'elle,
C'est la femme comme il faut ;
Leur donnant selon leur âge
Et ses vertus et son lait,
Soumise, économe et sage ;
Voilà comme il la faudrait.

LOUIS XVIII.

Leur cœur est comme une île escarpée et sans bords ;
Mais on n'y peut rentrer quand on en est dehors.

E. VERMESCH.

J'ai eu des femmes et des bottines neuves,
ça coûte cher et ça fait du mal ; — et quand
c'est vieux, ça boit.

ANDRÉ GILL.

Je dis à ma femme aujourd'hui :
— Ah ! que le diable vous emporte !...
Et voilà que ma femme est morte !
C'est la première fois qu'elle m'ait obéi !

TOUT LE MONDE.

Axiome d'un Cantonnier. — *Les routes sont comme les femmes, il faut beaucoup d'argent pour les entretenir.*

MAXIME DU CAMP.

La femme est une nécessité dont la providence a fait un plaisir.

La femme est un puits dont l'homme est le seau.

La femme est un torrent qui change souvent de lit et qui grossit dans son cours.

La femme est un tonneau dont nous sommes les Danaïdes.

X...

Dois-je me marier, oui ou non ?
— Quoique tu fasses tu t'en repentiras.

SOCRATE.

Quand faut-il se marier?

Dans la jeunesse, c'est trop tôt; dans la vieillesse, c'est trop tard.

Diogène.

La femme est toujours charmante...... quand elle appartient à un autre.

Ch. Virmaitre.

Paris-Cocu

PARIS-COCU

I

La coupe enchantée. — Coucou et Cocu. — Cornard et Cornette. — Une vieille Chanson. — L'être ou ne l'être pas. — Henri IV. — Louis XIII. — Louis XVI. — Le roi de Hollande. — Le Cocu tragique. — Le Cocu J'm'en foutiste. — Un Cocu fin de siècle. — Le duc de F. — Où est ma femme ? — Sous le secrétaire. — Le duc de G... — N'insultez pas ma Maîtresse. — Un Cocu qui rit jaune. — Le baron d'E... — C'est de l'Empereur. — Une légende. — Le paradis n'est pas fait pour les imbéciles. — Un Cocu qui a de l'esprit. — Un pantalon avantageant. — Messieurs, vous êtes tous Cocus. — Un Monsieur qui oublie sa femme. — Le divorce sous la commune. — Oh! mon Ferdinand. — La corde de pendu. — Un suicide dans une cheminée. — Un Carambolage. — Où est le déshonneur? — Les Kababiches. — Prends ma femme. — La princesse de Conti. — Quand je vous vois !

Le bon La Fontaine dit dans la *Coupe enchantée* :

Oui, mais l'honneur est une étrange affaire.
Qui vous soutient que non? Ai-je dit le contraire?
Eh! bien! l'honneur! l'honneur! Je n'entends que ce mot :

Apprenez qu'à Paris ce n'est pas comme à Rome,
Le cocu qui s'afflige y passe pour un sot,
Et le cocu qui rit pour un fort honnête homme.

Cocu vient de *coucou*, disent certains auteurs; par dérision, cette expression s'applique à celui dont la femme manque à la fidélité conjugale :

> Qui cinquante ans aura vécu
> Et jeune femme épousera
>
> S'il est galeux se grattera
> Avec les ongles d'un Cocu

Faire venir *Cocu* de l'oiseau appelé *Coucou*, cela n'est pas exact ; si l'on avait suivi la véritable étymologie du mot, ce n'est pas le *mari*, mais bien le *séducteur* qu'on devrait appeler *Cocu*, car, en effet, la légende veut que le coucou fasse ses petits dans le nid des autres oiseaux qu'il chasse préalablement, même par la force.

D'aucuns ont prétendu que *Cornard* vient de ce que les grecs désignaient par le nom de *Bouc* l'époux d'une femme légère et capricieuse qui alors était la *Chèvre*; comme le bouc est généralement porteur de cornes respectables, de là l'expression *Cornard*.

Toujours, disent les mêmes, les grecs appelaient *fils de Chèvre*, les bâtards que les anglais appellent *fils de Chienne*, et que nous nommons plus simplement *enfant de garce* ou enfant de *putain*.

Les cornes viennent tout simplement de France, du mot *Cornette*, de la *cornette* des femmes.

Autrefois, un mari qui se laissait tromper était appelé *Porteur de cornettes*, comme on dit de nos jours d'une virago qui mène son mari par le bout du nez qu'elle *porte les culottes*.

Il existe une chanson populaire que les gamins chantent en chœur, au sortir de l'école :

> Cocu, cocu mon père ;
> Cocue, cocue ma mère ;
> Si mon père est cocu,
> C'est ma mère qui l'a voulu.
> Le père, le fils, le gendre
> Sont trois cocus ensemble;
> La mère, la fille, la bru
> Sont les femmes des trois cocus !

Le Cocu a été chanté sur tous les tons ; ces chansons formeraient une bien curieuse collection ; peut-être un jour les publierons-nous.

* *
*

A la veille du mariage, qu'un homme épouse une brune, une blonde, une svelte, une belle, une laide, une vénus, une difforme, une géante, une naine, qu'il soit homme du peuple ou monarque, il se pose cette question :

Le serai-je ou ne le serai-je pas ?

Je voudrais bien ne pas l'être, mais, mais, l'homme propose et la femme dispose.

La question du cocuage est aussi ardue à résoudre que la question sociale; elle a été l'objet de discussions à perte de vue qui n'ont rien changé à la chose; il y a toujours eu des cocus, et tant que le monde existera, il y en aura pour des raisons absolument opposées :

Question de tempérament.

Incompatibilité d'humeur.

Accouplement disproportionné.

Abandon de la femme à elle-même.

Misère, paresse ou amour du luxe.

Hasard, car le hasard joue un grand rôle en cette affaire.

*
* *

Il me souvient d'une conversation entre deux amies, elle est très explicite :

— Ma chère, on dit dans le monde que tu as un amant, M. Claude.

— Cela est vrai.

— Comment, ton mari est jeune, beau,

élégant cavalier, riche, tu t'es mariée sage au sortir du couvent où tu as été élevée dans d'excellents principes de morale; M. Claude est pauvre, il n'est plus jeune, il est presque laid, son éducation est plus que sommaire; si tu n'aimes pas ton mari, tu aurais pu mieux choisir.

— J'aime mon mari, mais j'adore Claude; trouve cette contradiction étrange, si tu veux, mais c'est parce que tu n'en comprends pas les causes.

— J'avoue que non.

— Ecoute bien. Un jour, ma mère m'a dit : « Tu vas te marier. » J'avais dix-sept ans, j'ignorais la vie; on me présenta à M. de B..; il me parut charmant, il l'est en effet. Je l'épousai.

— Eh bien! tu étais heureuse.

— Je le croyais. Claude m'a fait revenir de mon erreur, voici comment : dès les premiers mois de mon mariage, mon mari était sans cesse auprès de moi, c'était un roucoulement perpétuel. Un jour, il s'absenta un instant, le lendemain un peu plus longtemps; peu à peu il reprit ses habitudes : le bois, les courses, le cercle ; je ne le voyais plus que très rarement. Claude, son ami, me tenait compagnie. Un soir, assis tous deux, côte à côte, sur la chaise longue, il me lisait un livre incandescent ; le livre tomba de ses mains, il se baissa pour le ramasser, je fis le même mouvement, sa bouche rencontra mon cou, je ressentis comme une sensation de brûlure étrange, mon sang courait dans mes veines, brûlant, avec une intensité qui me donnait un frisson inconnu ; j'étais comme anéantie ; ses lèvres rencontrèrent les miennes, ce fut le comble..... Cinq minutes plus tard, je savais ce que devait être le mariage.

— Mais tu ne pensais donc pas à ton mari ?

— J'avais bien assez à songer à moi-même.

— Mais, après, tu as eu des remords, au moins ?

— Oui; pour les apaiser, j'ai recommencé.

— Alors, te voilà avec deux hommes ?

— Absolument, mais ils sont si différents l'un de l'autre qu'ils se complètent et que c'est comme si je n'en avais qu'un seul ; mon mari est respectueux, observateur strict des lois du ménage, il n'avait jamais fait vibrer mes sens ; Claude, au contraire, m'a appris ce que c'était que l'amour. Ah ! si une femme savait; qu'elle puisse dire à son mari : « Sois mon amant, » jamais une femme ne le tromperait.

— Ton mari ne s'aperçoit pas du changement qui s'est opéré en toi.

— Non ! au contraire, quand je l'amène doucement, par une stratégie savante, à satisfaire mes sens si longtemps endormis, comme le fait Claude, il prend cela pour de l'amour pour lui et comme l'homme est profondément égoïste et surtout vaniteux, il est à cent lieues de soupçonner la vérité.

— Mais quand tu sors des bras de Claude, pour tomber dans ceux de ton mari, la rougeur ne te monte-t-elle pas au visage ?

— Les premiers jours, oui, il me semblait que tout le monde me regardait, qu'on chuchotait en me voyant passer : « voilà la femme adultère, » mais j'ai vite compris que j'étais dans l'erreur : il y a trop de femmes dans mon cas, pour qu'une de plus ou de moins fasse quelque chose dans la masse. Mais toi-même qui as l'air de me sermonner, est-ce que tu n'es pas dans ma situation, sans avoir la même excuse que moi, *le tempérament* et le *hasard* ?

— Oh ! moi, j'ai une autre excuse : *l'incompatibilité d'humeur*. Imagine-toi ceci : quand je commandais du poulet à la cuisinière, mon mari me faisait une scène, il eût voulu un bœuf mode ; au turbot, il préférait les soles ; si je voulais aller à l'Opéra, il m'emmenait à l'Odéon ; je désirais aller en voiture, il me prenait le bras et me faisait marcher, soi-disant pour ma santé ; j'adore le rose, il le déteste, il affirme que le noir me va mieux ; si je manifestais l'intention d'aller faire une promenade au Bois de Meudon, aussitôt il me conduisait au Bois de Vincennes ; je voulais m'abonner au *Gil*

Blas, il s'est abonné à l'*Univers* ; quand un roman un peu friand paraissait, je le priais de l'acheter, il m'apportait un roman insipide, d'un auteur inconnu, sous prétexte qu'il est des livres qu'une femme qui se respecte ne lit pas. Bref, c'était une vie infernale, ces contradictions m'exaspéraient...

—... Alors ?

— Je me suis tenu ce raisonnement : Si je le laissais faire à sa guise et si je prenais un amant qui ferait à la mienne ! C'est ce que j'ai fait. Mieux encore, j'ai prié une amie de présenter mon amant à mon mari ; il est devenu l'ami de la maison. J'ai double bénéfice : il est constamment sous ma main, ensuite mon mari ne fait rien sans le consulter ; comme mon amant connait mes goûts, il s'arrange à ce que mon mari les satisfasse ; ne demandant plus rien, mon mari est le plus heureux des hommes, il est persuadé qu'il a vaincu mon caractère et qu'il est resté maître du champ de bataille ; plus de contradiction : oui, toujours oui.

Voilà des cocus heureux ; la garde qui veille aux barrières du Louvre n'en défend pas plus les rois (quand il y en avait) que le toit de chaume n'en garantit les paysans.

* * *

A tout seigneur, tout honneur.

Henri IV fut cocu avant, pendant et après son mariage ; il est vrai qu'il sut bien se venger.

Louis XIII n'eut rien à lui envier !

Louis XVI le bon roi, tout comme ses aïeux, aurait pu de ses cornes charger un navire. Les cascades de la belle Marie Antoinette ne furent pas pour peu de choses dans la perte de sa couronne et de sa tête à laquelle il devait tenir encore plus.

Il faut ajouter qu'il y a à cela une consolation, c'est que les trônes étrangers, pas plus que celui de France, n'ont échappé à la loi commune.

Témoin celui de Hollande.

Le roi Louis fut un cocu homérique, il voulut même commencer un désaveu de paternité contre son fils ainé, *alias* Napoléon III, fils de l'Amiral Werhuel!... « Délivrez-moi à tout prix du bâtard, » écrivait-il à ses amis Bellecocq et Ladvocat...(1).

..

Il existe de par le monde une grande variété de cocus : le cocu qui prend la chose au tragique, pleure, se lamente, confie ses peines, ses douleurs à tous les échos et demande conseil et consolations à ses amis ; le cocu *j'm'en foutiste*, qui en rit et prend la chose du bon côté ; le cocu qui en vit, trouve le moyen de se faire des rentes,

---

(1) Ces lettres passèrent dans différentes mains, puis elles devinrent la propriété du prince Napoléon qui les remit à l'Empereur. Elles ne furent pas, au 4 septembre, trouvées dans les papiers des Tuileries!!

d'arriver aux honneurs et d'être un personnage !

Le cocu qui prend la chose au tragique, tue sa femme; quand il ne peut tuer l'amant, il lui envoie des témoins, il se bat en duel avec lui, risquant sa vie pour une catin qui fait brûler des cierges à Notre-Dame-des-Victoires pour que Dieu lui conserve son amant.

Comme si Dieu s'occupait de ces choses-là !

En voilà un qui n'est pas aussi fin de siècle que le duc de F..., ancien ministre de l'Empire.

Lié de tous temps avec l'Empereur, mêlé à l'affaire de Strasbourg et à celle de Boulogne, il avait épousé, au commencement de l'Empire, la fille de l'un des Maréchaux de Napoléon Ier. Celle-ci en faisait voir de dures au malheureux duc qui ne cessait de se plaindre et de conter, à tout propos, et même hors de propos, ses mésaventures conjugales.

Le Duc avait conservé de sa jeunesse un

grand fond de superstition, il croyait aux somnambules, aux tireuses de cartes, etc.

Un jour que la duchesse avait oublié, depuis plusieurs nuits, la rue où elle demeurait, il alla chez une somnambule célèbre :

— Où est-elle, la voyez-vous, où faut-il que je la cherche? lui-demanda-il.

La somnambule prit gravement un bol de café, au fond duquel se trouvait le marc, et le présenta au Duc ; il le but ; alors elle renversa le marc dans une assiette, elle l'étudia, réfléchit quelques instants, et lui répondit :

— Sous votre secrétaire !

Cette somnambule était clairvoyante. En effet « le goût du jour » de la duchesse était le beau L..., maître des requêtes au Conseil d'État en même temps que secrétaire du Duc !

Ce pauvre Duc n'avait vraiment pas de chance avec sa femme au cœur d'artichaut.

Le duc de G... qui avait succédé au maître des requêtes, imprudent comme tous les amoureux, avait écrit une lettre à la Duchesse ; le Duc l'avait trouvée.

Il y avait réception au ministère. La Duchesse, après une scène épouvantable, était restée dans ses appartements. Le duc de G.., que la duchesse n'avait pu prévenir à temps, arriva armé de son plus gracieux sourire. Le mari l'aperçut à l'entrée du salon, il se précipita vers lui en criant :

— M. le Duc, je vous interdis l'entrée de ma maison ; vous êtes l'amant de ma femme !

Le duc de G.., surpris par cet accueil auquel il s'attendait si peu, ne savait trop quelle contenance tenir, il était interloqué, quand tout à coup le mari eut la malheureuse idée d'ajouter :

— Au reste, c'est la plus grande salope de Paris.

A ces mots, le duc de G... reprit son sang-froid et, saluant très poliment son interlocuteur, il lui dit :

— M. le Duc, je vous défends d'insulter ma maîtresse.

Et il lui tourna le dos, le laissant à son tour absolument ahuri.

．·．

Le cocu qui en rit, jaune quelquefois, suivant le vieux dicton, est plus dans le vrai, il rend la pareille à la « Misérable » qui a « souillé son nom » (vieux style), il porte allègrement ce qu'on appelle vulgairement « ses cornes », son « déshonneur », comme si l'honneur se plaçait à ces endroits-là !

Le cocu qui en rit, blague à l'occasion, il connaît sur le bout du doigt tous les proverbes populaires : Il vaut mieux être cocu que d'être aveugle, on voit ses confrères. — Ça m'est égal de ne pouvoir passer sous la Porte-Saint-Denis. — On n'en meurt pas. — Changement d'herbe réjouit le veau.

Quand il joue aux cartes, il est le premier, s'il gagne, à dire : Heureux au jeu, malheureux en femme !

Il va au-devant de l'allusion traditionnelle : — On voit bien que ta femme est sortie !

.*.

Celui qui en vit, que nous coudoyons chaque jour, se trouve dans toutes les classes de la société, mais particulièrement au sommet de l'échelle sociale.

C'est une association en règle, le mâle et la femelle se valent. Le souteneur de la rue bat sa *Marmite* quand elle ne rapporte pas ; le maquereau légitime s'en garderait bien : il ne faut pas abimer le fonds de commerce.

Le baron d'E..., sous l'Empire, était un de ceux-là.

Ce financier allemand avait épousé une française, elle-même fille d'un banquier bien connu.

Pour des raisons de fortune, la femme avait pris la nationalité de son mari.

Le baron fut obligé de s'absenter plusieurs mois, de grosses affaires l'ayant appelé en Russie et en Orient. A son retour, il trouva sa femme dans une situation intéressante. On voit d'ici sa fureur et la scène qui s'ensuivit :

— Madame, qui vous a mis dans cet état-là ? Ce n'est pas par l'opération du Saint-Esprit, je pense ?

— Ne criez pas, mon ami, lui répondit-elle doucement... C'est l'Empereur !

Le baron se mit à sourire : perspective de mines, de canaux, de chemins de fer. Il se radoucit :

— Je ne vous demande pas comment cet accident vous est arrivé, ma chère amie, je le constate seulement.

Le baron, qui était riche, mit tout en œuvre pour se rapprocher de l'Empereur et « réaliser » l'accident, mais l'Empereur ne voulut pas le recevoir.

Il eut des doutes et apprit que l'Empereur n'y était pour rien, que c'était d'un « ami ».

Les scènes recommencèrent. Finalement, il se rendit à Rome et après bien des efforts il obtint que son mariage religieux fût cassé.

Plus tard il divorça, puis se remaria.

Il ne connaissait certainement pas la légende Indienne :

Un pauvre indien, ayant été délivré des soucis de ce monde et d'une méchante femme, se présenta à la porte du paradis de Brahma. « — Avez-vous été dans le purgatoire ? demanda le dieu. — Non ; mais j'ai été marié. — Alors entrez ; c'est la même chose. » Au même moment arrivait un autre défunt qui pria Brahma de le laisser passer aussi. « — Doucement, doucement. Avez-vous été dans le purgatoire ? — Non; mais qu'est que cela fait ? Ne venez-vous pas de laisser entrer, à l'instant même, quelqu'un qui n'y avait pas été plus que moi ? — Certes; mais il a été marié. — Marié ! eh bien, moi qui vous parle, je l'ai été trois fois. — Alors, reprit Brahma, retirez-vous, le paradis n'est pas fait pour les imbéciles.

.*.

Les cocus qui ont de l'esprit ne sont pas rares.

M. de P.., bien connu dans le faubourg Saint-Germain, avait une femme adorable. C'était la plus charmante créature que l'on puisse rencontrer, mais, comme mœurs, c'était effroyable.

Un jour, un grand couturier lui apporta un pantalon orné de dentelles, destiné à voir le feu.... des eaux.

— Mais, lui dit-elle, il me semble que le bas n'est pas assez garni ! Ça ne fait pas assez d'effet !..

— Madame a raison, lui répondit le couturier, dans ces sortes de choses, tout le succès dépend de ce qu'on y met.

Le Tout-Paris : armée, finance, clergé, magistrature, art, barreau, commerce, industrie, théâtre, aurait pu répondre que les pantalons n'avaient pas besoin d'être « avantageants », qu'il y avait tout ce qu'il fallait.

Le ménage de P... possédait une immense fortune. La maison était des plus recherchées.

Il y avait des années que M. de P... et sa femme, quoique vivant ensemble pour le monde, vivaient séparément.

Un matin, une fantaisie prit madame : elle invita son mari à déjeuner en tête à tête.

C'était un beau jour de mai, le couvert était mis dans la serre; c'était un cadre ravissant.

Le déjeuner se passa gaiement. Au dessert, M. de P.., qui était fâché avec sa maitresse, eut l'idée de revendiquer ses droits de mari ; madame, loin de se faire prier, fut absolument aimable.

La journée se passa délicieusement. Avant le diner, M. de P... se rendit à son cercle, tout joyeux, guilleret ; il chantonnait un refrain d'opérette.

A peine entré au salon, toutes les mains se tendirent vers lui.

— Arrive donc, dit l'un, on t'attend pour faire la partie.

— Quel air de triomphe! dit un autre.

— Messieurs, répondit froidement M. de P... en se rengorgeant, aujourd'hui, je vous ai tous faits cocus !!

Tableau !

.

Sous l'Empire, un homme de lettres, qui fut ministre, faillit se marier deux fois dans des circonstances extraordinaires.

Il avait oublié qu'il l'était déjà une fois; on comprend qu'on oublie son parapluie au vestiaire, mais sa femme !

Au temps de ses débuts, il s'était collé avec une brave fille, qu'il ne produisait jamais. Naturellement, elle était une vraie cendrillon. Un jour, pensant être plus heureuse, elle lui dit :

— Nous devrions nous marier.

— Tout de même, dit X... qui ne songeait pas alors à ses hautes destinées futures.

Ils se marièrent sans tambour ni trompettes, la presse garda le silence ; comme ils vivaient toujours de même, tout le monde le croyait célibataire.

Il fréquentait assidument la famille d'un officier général, père d'une charmante fille. On l'invitait souvent. Le père lui parla mariage ; on demanda à un général ami de l'Empereur de vouloir bien servir de témoin à la jeune fille. Le général accepta.

Le jour du mariage était fixé, le contrat dressé, lorsqu'un soir, au café de Madrid, le futur ministre rencontra V.., un de ses amis et collaborateur.

A brûle-pourpoint, X... lui annonça qu'il se mariait.

— Contre qui, bon Dieu ? Mais c'est une plaisanterie.

— C'est absolument sérieux.

— Mais tu es marié !

— Oh ! ça ne fait rien, j'épouse la fille du général B..., c'est le général R... qui est son témoin.

— Ah! ça, est-ce que tu es fou. Et Virginie ?

— Elle ne dira rien, elle est si bonne fille.

On se hâta de prévenir le père de la jeune fille et le mariage fut rompu.

Heureusement, car X... regrettait amèrement son premier mariage qui lui fermait la porte des salons parisiens; pour lever cet ostracisme, il aurait été jusqu'au bout.

L'histoire fit grand bruit en son temps, et on se demande, sans l'ami charitable, ce qui serait advenu et quel scandale aurait résulté de ce nouveau cas de bigamie qui faisait deux cocus à la fois !

Si ce fait s'était produit une année plus tard, sous la commune, il aurait passé inaperçu.

.·.

Sous la commune, on se mariait, mais on divorçait davantage; l'un n'était pas plus difficile que l'autre.

Pour se marier, les futurs n'avaient besoin que d'un seul témoin ; quant au consentement des ascendants, il était inutile. Ils se présentaient devant le « délégué » qui, le consentement mutuel une fois entendu, faisait signer par les parties les actes suivants, rigoureusement exacts :

CONSENTEMENT DU MARI

Commune de Paris	République Française
II° ARRONDISSEMENT	LIBERTÉ, ÉGALITÉ, FRATERNITÉ
RUE DE LA BANQUE	ARRONDISSEMENT COMMUNAL

Sur la demande de ma femme, je l'autorise à disposer de la chambre et du mobilier qui nous était commun et l'autorise à *disposé d'elle même* à sa libre volonté.

Je me réserve de mon côté qu'elle ne pourra agir d'aucune demande ni poursuite touchant à ma liberté.

Nous rentrons d'un commun accord dans

notre *plaine* et entière volonté comme si n'ayant jamais été *marié*.

Salut.

CONSENTEMENT DE LA FEMME

Je reconnais avoir reçu l'autorisation du mobilier qui était commun entre mon mari et moi.

L'autorisation de disposer dudit mobilier.

A la charge de mon côté de ne jamais avoir recours à aucun droit envers lui.

Je laisse sa *plaine* et entière liberté.

Salut.

Sur le registre où j'ai copié ces deux actes, était épinglée la lettre suivante écrite par la femme au mari, et remise sans doute au secrétaire chargé de rédiger et de lui faire signer l'*acte officiel*.

Mon cher Paul,

Je vois que tout est fini entre nous deux, mais je sais que cela ne te portera pas bonheur. Je ne suis pas heureuse, mais tu seras encore plus malheureux que moi ! Tu sais bien que je suis sans le sou. Eh bien ! je me résigne, donne-moi une lettre pour que je puisse disposer de ce qu'il y a dans la chambre, je le venderai pour avoir de l'argent, pour faire mon voyage. Si je ne peux pas m'en aller, je te poursuivrait partout. Je te dis adieu, celle qui a été ta femme et qui n'a pu t'empêcher de faire ton malheur.

femme MÉRET.

Toutes ne sont pas aussi sentimentales, à preuve la lettre suivante écrite par une femme à son mari, après qu'elle eut reçu une volée épique :

Mon cher Ferdinand,

Ta conduite de ce soir ne m'a pas plus: je ne veut donc pas être ciée ; je ne suis pas mariée avec toi. J'entends être libre ; tu m'as fini de me dégoûter. Je ne t'aime plus. Prend le comme tu le voudras ; je te demande une chose, ma clai; je t'enverrai tes affaires.

Tu as dis que cela te faissais souhait (suer); donc moi aussi, cela me fait souhait.

Je te pri de ne pas rentré chez moi ; car tu ne pourra pas. Chez fais changer la sairure.

Je te salu.

DORA.

_

Quant aux cocus qui se suicident le fait est extrêmement rare ; pourtant, il s'en produit.

— Tu n'es qu'une coquine, une gueuse, tu me rends malheureux, disait un pauvre diable à sa femme, je veux en finir avec la vie, je vais me brûler la cervelle.

— Mon ami, lui répondit sa femme, rends-moi un dernier service au lieu de te brûler la cervelle: pends-toi, tu me légueras ta corde, tu sais que cela porte bonheur, et je la porterai toute ma vie en souvenir de toi.

Il ne se brûla ni ne se pendit, mais résolut de se jeter dans la rivière.

Il se rendit sans tarder une minute sur le pont d'Iéna.

Il était trois heures et demie.

Il grimpa sur le parapet et se précipita dans la Seine ; au moment même, un bateau mouche passait à toute vitesse sous le pont. Au lieu de tomber dans l'eau, il piqua une tête, juste dans la cheminée.

Son corps boucha les orifices de la machine à vapeur ; tout à coup, on entendit une explosion épouvantable : c'était la chaudière qui sautait.

Les éclats tuèrent une trentaine de personnes, sans compter d'autres qui se noyèrent.

Il ne fut pas si veinard que le cocu suivant :

Sa femme avait oublié ses devoirs à la maison, ou pour mieux dire elle ne les emportait jamais avec elle, en sorte qu'ils ne la gênaient pas.

Il s'en aperçut, et se disposa à se tuer : mais comme il demeurait à Montmartre, loin de la Seine, que le bassin de la place Pigalle est trop peu profond, qu'il n'avait chez lui ni revolver, ni ficelle, ni charbon, il résolut de se jeter par la fenêtre. Il monta au troisième étage de sa maison et ouvrit une croisée qui était juste au-dessus d'une petite porte dérobée par laquelle on passait rarement.

Il regarda par la fenêtre, il monta sur l'appui, et se laissa tomber dans le vide en fermant les yeux. Au même moment, sa femme sortait avec son amant, lui donnant rendez-vous pour le lendemain, il tomba lourdement sur le couple, et les écrasa tous deux.

Quant à lui, il en fut quitte pour quelques contusions.

* * *

Les cocus ont eu leur journal; il était naturellement rédigé par des plaignants et imprimé en jaune. Cette feuille ne fit pas fortune, car personne ne veut s'avouer cocu, quand même il en est absolument convaincu; mais quel déshonneur y a-t-il à être cocu ?

Ce n'est un déshonneur que chez les peuples trop civilisés.

Combien y a-t-il de pays, sans parler de la Laponie, où la fidélité des femmes non seulement n'est pas regardée comme nécessaire, mais encore, dans certains cas, est considérée comme un déshonneur ?

Tout est convention dans la vie.

Bien loin, bien loin, au cœur de la Nubie, chez les Kababiches, race Caucasique, lorsqu'un étranger vient s'asseoir au foyer Kababiche et qu'il s'informe du rôle de la femme, il reçoit des indigènes presque invariablement cette réponse :

Les femmes ressemblent à la terre, qu'il faut cultiver. C'est commettre une faute grave que de laisser son champ en friche. Nos compagnes doivent avant tout nous donner des enfants; que nous en soyons les pères ou non, que nous importe : celui qui récolte s'inquiète peu du semeur !

Les Kababiches sont tellement persuadés d'être dans le vrai, qu'ils répudient leurs femmes pour cause de fidélité.

Un négociant européen se présente chez un Kababiche, il veut acheter de la poudre d'or ; malheureusement, il n'y en a pas une seule parcelle dans le pays ; il faut, en conséquence, qu'il aille plus loin.

— Quoi, s'écrie le Kababiche désolé, tu veux fuir ? Mais c'est un affront que tu fais à ma maison. Je m'oppose à ton départ. Tu es mon hôte, je vais voyager à ta place. Je ne reviendrai qu'avec la poudre d'or.

L'étranger veut repousser une offre aussi généreuse.

— Tu resteras dans ma demeure, reprend l'indigène, je te le commande au nom de l'amitié.

Las de combattre, l'européen finit par accepter.

— Eh bien, tout ici est à toi, reprend le Kababiche, tu commanderas, tu dirigeras, tu prendras ma place. Tu sais que ma femme t'appartient !

Et le voyageur est installé au nom de la sainte hospitalité.

Quelquefois, il arrive que l'étranger fait le difficile ; — il désirerait moins de privilèges, il tente alors quelques judicieuses observations.

— Voyons, dit-il, certes, ta femme me convient parfaitement ; mais moi, je peux lui paraître souverainement odieux. Si elle me repousse ?

— Te repousser ! s'écrie alors l'indigène outragé ; et mes ordres, et ma volonté, que sont-ils donc ?

Quelque temps après, le complaisant Kababiche part, et si, à son retour, tout ne s'est pas passé comme il l'avait ordonné et prescrit, l'étranger devient l'ennemi le plus détesté, le plus haï ; si l'occasion se présente, il sera à coup sûr assassiné.

N'a-t-il pas fait une injure mortelle à son hôte en méprisant ce qu'il a de plus cher au monde : sa femme ?

.

Les femmes des Kababiches partagent peut-être l'avis de la princesse de Conti.

En partant pour l'Isle-Adam, où elle n'allait pas avec lui, le prince de Conti disait à sa femme :

— Madame, ne me faites pas cocu, pendant que je n'y serai pas.

— Allez, monsieur, lui répondit-elle, partez tranquille, je n'ai jamais envie de vous faire cocu que quand je vous vois !

II

Mariages riches. — France, religion, famille. — L'Institut matrimonial. — Une ancienne élève du Sacré-Cœur. — La belle Hermosa. — La vicomtesse de Plessis-Praslin. — Une annonce alléchante. — Une lettre curieuse. — 2,500,000 francs de dot. — Un joli baron. — M. Lachaud. — M⁽ᵐᵉ⁾ Lafarge. — Étranger mais âgé. — Une circulaire édifiante. — Le marieur. — Un valet intelligent. — 5 0/0. — La fille et la tante. — Une jolie bourse. — Un voyage d'agrément. — Un beau-père guillotiné pour viol. — Facture et littérature. — Dames de compagnies. — Un singulier mariage. — Malheureux dentiste. — Un proxénète légitime. — Un paquet d'annonces amusantes. — Une demoiselle en loterie. — Elle a perdu son caractère. — Cent mille francs dans un berceau.

Il y a quelques années, bien des célibataires reçurent sous enveloppe la carte suivante :

> *Mme de Saint-Just*
>
> DE 1 HEURE A 5 HEURES
>
> RUE DE MAUBEUGE, 326.

Quelques-uns peut-être virent dans cet envoi une invitation suspecte, car c'est ainsi que procèdent les proxénètes pour inviter leur clientèle au déballage de nouvelles venues. Il n'en était rien, c'était l'adresse d'une *marieuse*.

Rue Maubeuge, siégeait l'*Institut Matrimonial de France* dont le but était de faciliter, entre les familles honorables et opulentes, les alliances les mieux assorties au double point de vue physiologique et social.

A cette carte, était jointe une circulaire qui est un chef-d'œuvre.

La voici complète ; y changer un mot serait un crime :

« *Je crois remplir une véritable mission, un devoir imposé par les circonstances présentes, aujourd'hui que notre société, ébranlée dans sa base, a besoin de se reconstituer et de trouver des cœurs dévoués et courageux pour aider au mouvement de régénération sociale qui s'accomplit.*

La noblesse et la haute bourgeoisie tendent de plus en plus à se rapprocher par des mariages. De leur alliance doit sortir une race nouvelle, forte et saine, où les vertus domestiques s'unissant aux qualités chevaleresques seront pour notre société autant d'éléments régénérateurs.

Ancienne élève du Sacré-Cœur, mon éducation, mes principes, mes sentiments religieux sont les garanties que je puis offrir aux familles, et c'est sous le patronage et la protection du clergé que je place mon œuvre.

Mon but est saint et grand ; puissent les cœurs honnêtes le comprendre et marcher avec moi en prenant pour devise :

« FRANCE — RELIGION — FAMILLE ! »

N'avais-je pas raison de dire que c'est un chef-d'œuvre ? La preuve, c'est que la crédulité humaine est si grande que, lorsque la police, sur la plainte d'un désabusé, fit une descente à l'*Institut matrimonial*, elle saisit plus de *deux cents dossiers* de gens sollicitant le concours de la *marieuse*.

La *marieuse* avait encaissé plus de trente mille francs de commission en cinq mois !

Le désabusé qui se plaignait, mécontent d'avoir vu échouer deux projets de mariage, voulait se faire rembourser les cent francs qu'il avait versés d'avance ; n'y pouvant parvenir, il déposa au parquet une plainte contre la *marieuse*.

A l'audience du tribunal correctionnel, le client exposa ainsi ses griefs :

« Après avoir éprouvé dans mes projets de mariage plusieurs déceptions, découragé, je résolus de recourir à l'agence de Mᵐᵉ de Saint-Just, dont j'avais vu l'annonce dans les journaux. Elle me reçut avec beaucoup d'amabilité, me dit qu'elle était en rapport avec un grand nombre d'honnêtes familles; que beaucoup d'héritières lui étaient recommandées par son confesseur, qu'un grand nombre de prêtres l'aidaient dans sa mission matrimoniale, car elle était, assurait-elle, ancienne élève du Sacré-Cœur, et elle me montra la médaille de ce pensionnat.

« Les conditions étaient une somme de 100 francs pour démarches préparatoires, plus 5 o/o sur le montant de la dot trois mois après le mariage. Je donnai mes 100 francs (c'était tout ce que je possédais) et quelques jours après Mᵐᵉ de Saint-Just m'indiqua une demoiselle de Belleville.

« J'attendis deux ou trois semaines pour savoir le résultat des démarches; au bout de ce temps, on m'apprit que la demoiselle était sur le point de se marier. Alors Mme de Saint-Just m'envoya auprès d'un intermédiaire qui se trouvait au café du *Grand-Balcon*. Cet individu m'indiqua une jeune fille servant dans le magasin de ses parents. Je vais tout de suite acheter quelque chose pour la voir ; mais c'était une jeune fille de 18 ans, elle était trop jeune pour moi qui en ai trente-trois. Je le dis à Mme de Saint-Just ; elle me répondit : Vous êtes encore un vieux maniaque ; il faudrait fabriquer une femme exprès pour vous ; je vais chercher dans mon magasin. A ces mots elle passa dans une autre chambre et en rapporta la liste de ses héritières, etc., etc. »

Le tribunal ne vit pas dans les manœuvres reprochées à la *marieuse* le délit d'escroquerie, mais elle fut condamnée à une amende pour avoir pris un faux nom, car elle se nommait prosaïquement Honorine Roux; elle fut, depuis, célèbre comme tireuse de carte sous le nom d'*Hermosa* !

Plus heureuse fut la vicomtesse de Plessis-Praslin.

Un matin, dans une douzaine de journaux parisiens, on pouvait lire l'annonce suivante :

> Demoiselle de couleur à marier, vingt-quatre ans, 2 millions 500,000 de dot ; s'adresser à Mme du Plessis-Praslin, à Auteuil, rue Boileau, 23.

C'était tentant ; aussi la *marieuse* reçut-elle plus de trois cents lettres. En voici une absolument authentique :

« Madame,

» Vous avez fait insérer au *Constitutionel* une note ainsi conçue : *Demoiselle de couleur à marier; dot, 2,500,000 francs.*

» Je viens, comme célibataire, me mettre sur les rangs probablement déjà très-serrés, des jeunes gens qui, par leur position sociale et pécuniaire, peuvent avoir la prétention d'obtenir la main de cette demoiselle.

» Il n'est ordinairement pas dans les convenances qu'on fasse soi-même son éloge ; mais, dans cette circonstance tout exceptionnelle, il est impossible de ne pas entrer dans quelques détails biographiques, qu'il importe à la personne à marier de connaître.

» Fils unique, âgé de vingt-cinq ans, blond, taille de cinq pieds six pouces, d'un physique plutôt agréable que laid ; issu d'une famille très honorable, propriétaire d'une fortune mobilière et immobilière évaluée à environ 600,000 fr. libre de toute dette et hypothèque, possédant quelques talents d'agrément, parfaitement posé dans la société, où ma famille, par sa position, avait une grande influence dont je pourrais encore aujourd'hui me servir pour arriver, avec le concours de l'autorité administrative, avec laquelle je suis dans les meilleurs termes, à la position si enviée de député au Corps législatif. Vous pensez dès lors, madame, qu'avec de tels avantages je doive me montrer quelque peu difficile sur l'éducation de la personne qui me fera l'honneur de m'accepter pour époux.

» Cette dernière observation ne doit avoir aucune raison d'être, car il est impossible de supposer que l'éducation de la jeune personne dont vous parlez n'ait pas été parfaitement dirigée.

» Je suis persuadé, etc. »

Comme bien on le pense, la fameuse négresse n'existait pas, malgré que la *marieuse* déclarât qu'elle habitait rue Bellechasse, un nom bien choisi et de circonstance.

La *marieuse*, en publiant cette annonce n'avait pour but que de trouver un commanditaire. Elle en trouva un, un baron authentique, s'il vous plait, M. d'O... d'Ol... qui, lui aussi, exerçait clandestinement la profession de *marieur* ; mais tout n'alla pas comme sur des roulettes, car il poursuivit son associée devant le tribunal correctionnel de la Seine, pour escroquerie d'une somme de 1,750 francs.

Ce fut M° Lachaud qui plaida pour la vicomtesse et voici ce qu'il révéla à l'audience ; c'est absolument édifiant :

— « Messieurs, jamais plainte ne fut si audacieuse et plus ridicule. Il faut qu'un homme soit insensé pour, alors que ce qu'il soutient serait vrai, se faire la fable de l'Europe entière, quand on a, comme lui, un nom et un titre ; mais si ce qu'il soutient est vrai, sa plainte est une chose pire encore, car c'est l'action d'un homme furieux et jaloux, qui ne cherche qu'une vengeance indigne. M. d'O... est marié, Mme G... est mariée ; il l'a rencontrée dans une maison que je ne veux pas connaitre, et le lendemain, il payait à diner à toutes *les dames* qu'il y avait trouvées, et il demandait à Mme G. à devenir *sa pensionnaire*... J'étais bien jeune quand j'ai pu reconnaitre que la première page d'une bien triste histoire, la cause première d'un effroyable malheur, était la misérable intervention des *marieurs*. Une pauvre jeune femme avait été mariée à un homme qu'elle n'aimait pas.

« Je ne sais si elle était coupable du crime pour lequel je la défendais : la Justice a dit oui, et elle l'a condamnée, l'avenir en décidera peut-être autrement ; Dieu l'a jugée [1].

« Votre grand Seigneur n'est qu'un simple agent matrimonial qui fait parade de son titre et de ses aïeux. On fait bien de lui ouvrir les salons du faubourg Saint-Germain, il y va pour marier avec courtage les fils de familles qui l'invitent et le reçoivent. »

Après cette plaidoirie, la femme G... fut acquittée, elle resta *Galoppe* comme devant et continua son petit commerce sous un autre nom.

---

[1] Mᵉ Lachaud faisait allusion à madame Lafarge, Marie Capelle.

Un des plus célèbres *marieurs* de Paris fut M. de Foy. A lui le pompon, pour les annonces alléchantes, aux allures mystérieuses ; il fit florès de 1850 a 1870.

Voici une de ses annonces :

MARIAGES RICHES Un étranger mais âgé, possesseur de mines d'or, désire contracter mariage avec une jeune fille possédant un certain degré d'instruction, des goûts simples et quelques notions de musique.

S'adresser à M. de Foy, *son mandataire purement officieux.*

Étranger, mais âgé, firent le tour de la presse parisienne qui s'égaya aux dépens de M. de Foy *mandataire officieux*. Lui aussi avait sa circulaire, elle était ainsi conçue :

« J'ai la conviction, M..., que dans vos parages et dans vos relations, vous connaissez ou vous connaitrez quelqu'un placé dans l'embarras de ne pouvoir contracter, ou faire contracter un mariage assorti, c'est-à-dire de son goût ou selon ses justes prétentions : aussi ai-je le plaisir de vous donner ci-après un aperçu des partis sérieux et actuels dont j'ai l'honneur d'être l'intermédiaire :

1° Un prince français bien connu dans le monde par ses mœurs simples et irréprochables, physionomie agréable, trente quatre ans, et de 800.000 francs à 1 million de fortune.

2° Un magistrat, trente cinq ans et 150.000 fr. de fortune.

3° Plusieurs médecins de 25 a 35 ans e de 30 a 60.000 francs.

4° Plusieurs négociants de vingt-cinq à quarante cinq ans et de 20 a 30.000 francs de fortune.

5° Quelques rentiers de quarante à cinquante ans et de 30 à 100.000 francs de fortune ».

Cette circulaire était adressée, de préférence, à la plupart des hommes d'affaires de France, aux curés, et aux secrétaires de mairie.

.*.

Tout le monde peut recevoir une circulaire de ce genre ou en avoir connaissance, mais il est peu de personnes qui peuvent pénétrer les secrets du *Marieur* et connaitre les trésors d'adresse, de patience, d'ingéniosité qu'il dépense pour arriver à tromper ses dupes, mâles ou femelles.

C'est ce que nous allons faire.

Après avoir lu une annonce du *marieur*, le célibataire s'empresse d'écrire à l'adresse indiquée. Il a soin de mettre : *très pressée* sur l'enveloppe. Le lendemain, il reçoit une réponse; d'une main tremblante d'émotion, il la décachète; le *marieur* lui répond que

4

de telles affaires ne peuvent être traitées par correspondance, qu'il veuille bien passer à son bureau pour fournir de plus amples renseignements, mais que, comme il a écrit le premier, il aura la *préférence.*

Le *préféré* croit déjà tenir la dot; il court, il vole à l'adresse du *marieur.* Son cabinet était situé dans une fort belle maison (rue d'Enghien) toutes les fenêtres donnaient sur le devant ; un valet en grande livrée, sombre, l'introduisait dans un salon magnifique orné avec un goût exquis, toutes les portes ouvertes à deux battants laissaient voir à droite et à gauche une enfilade de riches appartements.

Là, tout était à l'amour : des copies de Watteau ornaient les murs, la pendule était surmontée d'un berger et d'une bergère, au-dessus desquels voltigeait une blanche colombe, sur le guéridon étaient étalés des livres traitant spécialement de cette matière, deux jolis enfants jouaient sur le tapis. En attendant le *marieur,* le *préféré* pouvait à loisir prendre connaissance de la physiologie du mariage.

Tout-à-coup un timbre retentissait, bref, sonore, impérieux, et le *marieur* faisait son entrée solennelle; il s'excusait que ses nombreuses occupations l'aient forcé de se faire attendre.

Après cet exorde insinuatif, le *marieur* s'essuyait le front, les tempes et la bouche avec un mouchoir de fine batiste, brodé à son chiffre, puis il sonnait et demandait un consommé qui lui était aussitôt apporté dans une tasse de vermeil par le valet introducteur.

Le *marieur* s'étonnait de voir ce dernier, employé à un autre service, il s'informait, tout en colère, où étaient Pierre, Joseph, François, Louis; le domestique répondait sans hésiter un seul instant que Pierre était allé à la Banque de France pour monsieur, que Joseph était à l'Opéra pour retirer un coupon de loge pour la représentation du soir, que François et Louis étaient sortis pour le mariage du baron Bandesecq.

Le *préféré* était abasourdi par des apparences aussi trompeuses, car chez le *marieur* tout n'était qu'apparence, le valet introducteur s'appellait, Pierre, Joseph, François, Louis et faisait tout : c'était même le père des enfants du salon.

Ceci n'était que la mise en scène, le prologue de la comédie qui allait se jouer.

Le *marieur*. — Monsieur, veuillez m'excuser et vous expliquer.

Le *préféré* déclinait ses noms et qualités, puis ajoutait :

— C'est moi qui ai eu l'honneur de vous écrire au sujet de l'annonce de *la Liberté*. Quand pourrais-je être présenté à madame ?

— Vous êtes sans profession ?

— Sans doute.

— Elle est honorable, alors... Vos antécédents ?..

— Mon casier judiciaire est vierge.

La conversation continuait ainsi soutenue par le *marieur*, dans le but de connaitre le dégré d'intelligence de son interlocuteur et surtout les précautions qu'il aura à prendre pour ne pas se compromettre.

Après un silence de quelques instants, le *marieur* reprenait :

— Allons tout de suite au fait, si la chose s'arrange je ne vous prendrai que cinq pour cent sur la dot...

— C'est bien !

— Payable lorsque vous l'aurez reçue.

— Admirable !

Le *préfère*, devant une commission aussi minime, réclamée si courtoisement, acceptait avec empressement et remerciait à l'avance l'homme qui lui ouvrait la porte de la fortune. L'affaire était donc aussitôt conclue, mais avant d'aller plus loin, le *marieur* demandait une provision pour ses frais de bureau, ses courses, renseignements, etc., etc.

Les frais de bureau variaient suivant qu'il avait jugé le prétendant plus ou moins crédule et que la dot était plus ou moins grosse.

Le *marieur* demandait généralement quatre cents francs et ajoutait :

— Avec cent francs de plus, vous serez *abonné* à toutes les femmes qui viendront dans mon salon, ce qui vous donnera le droit de leur être présenté pendant six mois.

Le *préféré* versait les cinq cents francs.

En échange de son versement, il recevait un reçu détaché d'un livre à souche, énonçant les conditions de l'engagement.

Il versait de plus dix francs pour les frais d'enregistrement.

Il attendait avec une ardeur juvénile le doux moment de la première entrevue. Comme il n'était plus de la première jeunesse, il faisait épiler les cheveux blancs qui émaillaient sa chevelure; il commandait une toilette élégante chez le tailleur à la mode.

Enfin, le *marieur* le présentait.

La prétendue était escortée de sa tante, coup d'œil attendrissant, soupirs révélateurs, petits pieds sortant d'une jupe indiscrète, serrements furtifs de mains, rien ne manquait. Ces dames s'en allaient, le *préféré* s'élançait pour les rejoindre, le *marieur* le retenait.

Pourquoi ?

Parce que ces dames ne quittaient pas la maison et qu'il devait l'ignorer.

Toutes deux étaient louées à raison de cent sous par jour, nourries et habillées ; elles trouvaient au vestiaire toutes les toilettes nécessaires à leur transformations, car elles étaient brunes, rousses, blondes au goût du client. Cela présentait un grand avantage : si le prétendant se plaignait, comme ce n'était pas la même femme, l'autorité eût été embarrassée pour poursuivre.

Chaque fois que la nièce et la tante devaient venir pour un *abonné*, le valet à tout faire agitait la sonnette d'un coup de balai, alors le *marieur* annonçait que ces dames étaient arrivées.

Nous passons au premier acte.

Le *marieur* insinuait doucement à son client qu'il serait convenable et tout à fait high-life de faire accepter à déjeuner à ce dames, qu'à table, on peut causer plus librement, et lui faisait entendre qu'après le déjeuner il pourrait solliciter l'honneur de les reconduire; bref, il lui demandait soixante francs pour quatre personnes. C'était pour rien, disait-il, mais comme il avait du vin dans sa cave, il ne comptait pas avec les amis.

A déjeuner, la table était chargée de grosses pièces froides et solides, un fort roti, un dinde splendide.

Ces dames refusaient toujours quand on leur offrait le moindre morceau, elles priaient surtout qu'on ne découpât pas les grosses pièces. Cela avait deux raisons; la première, qu'une femme qui mange peu est un prodige; la seconde, que les mets étaient, commes les femmes, resservis, le soir, aux autres *abonnés*.

Sous un prétexte ou sous un autre, ces dames quittaient la table avant la fin du repas; généralement, elles se trouvaient indisposées, ou se rappelaient un rendez-vous chez leur banquier.

Alors le *marieur* contait doucement à son client qu'il fallait qu'il envoyât à son pays pour avoir des renseignements complet.

Il prenait jour avec lui ; le jour fixé, la prétendue et sa tante se trouvaient là par *hasard* ; devant elles il appelait un commis à qui le client donnait les indications nécessaires.

Il lui demandait de verser les frais de voyage : quatre vingts francs de chemin de fer, plus dix jours d'absence à vingt francs l'un.

Il hésitait, trouvant cela un peu cher; alors la tante, le plus naturellement du monde, déclarait qu'elle entrait de moitié dans les frais, et pour lui donner l'exemple, elle tirait sa bourse, une bourse élégante en filets de soie, et elle payait la première. Pour faire sa cour, le prétendu trouvait la bourse admirable. « C'est ma nièce qui l'a faite, disait la tante, » et elle la lui offrait. Joyeux, il acceptait avec enthousiasme, et comme il fallait battre le fer pendant qu'il était chaud, le commis partait immédiatement après que le client avait versé cent quarante francs.

Pendant les dix jours que durait l'information, il retournait chez le *marieur*, ces dames n'y étaient pas, mais il lui rappelait le cadeau de la bourse.

Ne voulant pas être en reste, il offrait un brillant de deux cent cinquante francs qui, monté en épingle, servait plus tard au *marieur* à éblouir une autre dupe.

Ce n'était pas tout.

Le commis tombait malade au pays ; sa maladie durait quatre jours, il fallait reverser pour les frais une nouvelle somme de quatre-vingts francs.

On a compris que le commis n'avait jamais quitté Paris.

Le *préféré* finissait par s'impatienter ; il se désolait, criait, menaçait même, mais le *marieur* lui annonçait, la mort dans l'âme, qu'il devait s'estimer bien heureux, que sa vigilance l'avait sauvé d'un terrible malheur, qu'il avait appris par ses agents que le père de la jeune fille avait été guillotiné, place de la Roquette, pour crime de viol, d'incendie et d'assassinats, qu'en outre la tante, la seule parente de la jeune fille, malgré son extérieur respectable, tenait une maison de tolérance boulevard Rochechouart.

Le malheureux s'enfuyait sans demander son reste.

Il avait versé mille trente francs !

.·.

Ce même agent matrimonial proposait à M. B..., jeune avocat bien connu au barreau de Paris, d'épouser une jeune fille qui nourrissait de grandes prétentions littéraires.

— C'est une nature d'élite, disait l'agent, elle a de l'esprit jusqu'au bout des doigts.

— J'aimerais mieux qu'elle y ait son dé ou son crochet de tapisserie.

— Elle est femme de lettres, monsieur !

— J'aimerais mieux qu'elle fût femme de ménage.

— Elle fait admirablement les vers.

— J'aimerais mieux qu'elle les rinçât.

— Mais, entendez-moi donc, c'est une femme qui ira infailliblement à la postérité.

— J'aimerais mieux qu'elle allât au marché.

Un bohême de ma connaissance, affamé, perdu de dettes, alla un jour chez le *marieur* pour épouser une prétendue de trois mille francs de rente; la dot était bien modeste, bien vraisemblable, trois mille francs de rente seulement, mais en revanche la femme était vertueuse! Après les explications préliminaires, le *marieur* lui demanda, suivant l'usage, deux cents francs pour frais de bureau; le prétendant haussa les épaules et lui fit cette réponse admirable: Est-ce que je me marierais si j'avais deux cents francs!

Beaucoup de personnes, sans tenir boutique ouverte, s'occupent de mariage; les unes, par amour de l'art, poussent cette passion jusqu'à la monomanie, elles marieraient, si elles le pouvaient, la Lune et le Soleil; les autres marient les gens pour en tirer profit. Parmi celles-ci, se distinguent avant tout les prêtres et les concierges.

Pour les prêtres, c'est chose facile, le confessionnal leur est d'un puissant secours; j'en connais plusieurs qui se font de jolis revenus avec ce métier. Leur matériel est des plus simples, ils n'ont même pas de salons et ne reçoivent pas à leur domicile, ils ont trouvé un moyen plus pratique et plus économique : ils donnent leurs rendez-vous dans les salons de lecture du Grand Hôtel, de l'Hôtel Continental ou de l'Hôtel du Louvre. On sait que tout le monde a accès dans ces salons et qu'on peut y faire sa correspondance sans bourse délier. Les prêtres sont généralement d'habiles négociateurs, souples, insinuants, tenaces, ne se rebutant jamais, ayant pour égide l'amour de Dieu; ils réussissent là où les plus malins échoueraient, heureux encore pour les maris quand leurs femmes n'ont pas été essayées.

Les concierges procèdent plus tranquillement, les mariages se négocient dans la loge, entre une tasse de café et des cancans sur les locataires. La commission se réduit à fort peu de chose, un déjeuner ou un panier de vin. Généralement, les concierges, surtout les femmes, marient leurs locataires qui sont simplement collés, ou, comme dit le proverbe populaire : mariés au 21° arrondissement. Avant l'annexion de la banlieue à Paris, en 1862, l'on disait : mariés au 13°, Paris ne possédant que 12 arrondissements.

Les *marieurs* en voient de toutes les couleurs ; malgré leur *roublardise*, ils sont souvent pipés à leur tour.

Un jour, M. de Foy reçut la visite d'un jeune homme.

— Monsieur, dit le jeune homme, je me nomme le comte de B... Je ne possède que deux mille francs de rente, et je trouve le moyen d'avoir quatre mille francs de loyer par an. Il me faut de l'argent à tout prix et je ne veux pas me marier !

— Pardon, répondit le *marieur*, ma profession consiste à marier les gens, bien ou mal, mais non à leur fournir de l'argent, et, je vous l'avoue, d'après votre déclaration, je ne vois pas comment je puis vous servir.

— C'est pourtant bien simple, vous n'avez pas compris ma pensée ; de la part d'un homme comme vous, cela me surprend. Je vais m'expliquer plus clairement. Vous savez que beaucoup de femmes détestent la solitude, et que, pour parer à cet inconvénient, elles prennent de pauvres femmes qu'on nomme *dame de compagnie*. Eh bien, pourquoi n'y aurait-il pas des hommes qui rempliraient le même emploi ? Ce serait plus logique.

— Oui, mais les préjugés du monde, les comptez-vous pour rien ?

— Je ne vois pas en quoi le monde pourrait trouver étonnant qu'une femme se mit sous la protection d'un homme qui l'accompagnerait aux eaux, à l'Opéra, aux concerts, au bois [1].

— Je vous avoue que voilà une proposition à laquelle je ne m'attendais pas, mais comme je suis habitué à faire, ou du moins à tenter l'impossible, je vais m'occuper de votre affaire; seulement, il faut me verser cinq cents francs d'avance pour mes frais de bureau.

---

[1] Une tentative de ce genre fut faite à Bruxelles, en 1866; les hommes assez bien de leur personne étaient d'une extrême recherche dans leur tenue, leur mission consistait à accompagner les femmes partout où il n'était pas reçu qu'elles se produisent seules.

Ces guides se tenaient en disponibilité en certains endroits de la ville. La dame s'approchait du groupe de ces messieurs et prenait sans façon le bras du cicérone qui lui agréait, celui-ci saluait en se voyant accosté et se mettait en marche après avoir conféré avec la dame. Si elle ne lui indiquait pas un itinéraire arrêté d'avance, il savait son programme sur le bout des doigts et commençait sa tournée aux monuments, aux promenades, aux musées, aux cafés célèbres.

Il y avait un tarif pour ces sortes d'offices ; la matinée se payait 6 francs, y compris le spectacle, sans pourboire, car ces messieurs étaient trop bien élevés pour accepter ce supplément de gages. Ils ne buvaient jamais sans soif, ils étaient polis, rangés, sobres, et d'autant plus que les bénéfices qu'ils faisaient étaient en raison de la réputation de convenance et de vertu dont ils jouissaient sur la place.

— Cinq cents francs ! vous n'y pensez pas ?

— Cinq cents francs, ou rien de fait.

Le comte les versa et prit rendez-vous avec le *marieur* pour le samedi suivant à l'Opéra, loge 27.

Le *marieur* alla d'abord louer la loge et revint s'enfermer chez lui pour réfléchir à son aise. Pendant deux heures, il se creusa la tête sans trouver une solution, lorsque son domestique vint lui annoncer que la propriétaire de *Monsieur* venait toucher son terme. Il la fit entrer, la fit asseoir sur son fauteuil le plus moelleux et la paya... Tout à coup, il lui poussa une idée diabolique, il lui offrit une place dans sa loge, loge 27.

Le samedi, jour fixé avec le comte, le *marieur*, qui faisait bien les choses, offrit un bouquet à sa propriétaire, prit une voiture de remise et la conduisit à l'Opéra.

La bonne femme était étourdissante, elle avait une robe couleur café au lait qui datait au moins de 1830, elle s'était littéralement sanglée, la sueur ruisselait sur son visage bourgeonné ; pour compléter sa toilette, elle avait des gants de coton trop longs et des bagues par dessus.

Le comte avait été exact ; le fauteuil de balcon qu'il avait loué se trouvait en face de la loge 27 ; dans un entr'acte, il vint causer avec les hôtes de la loge.

Le spectacle terminé, le *marieur* reconduisit sa propriétaire ; le comte les suivit. Il revint le lendemain sous prétexte de louer un appartement, il ne loua rien, mais revint souvent... Trois mois plus tard, le jour du terme, à midi juste, le comte sonnait à la porte de M. de Foy.

— Je viens, monsieur, lui dit-il, vous apporter votre quittance ?

— Comment, vous êtes donc entré au service de ma propriétaire ?

— Mieux que cela, je suis son mari !

— Et ma commission ?

— Je vous augmente de cinq cents francs par an.

Cette fois le *marieur* était marron !

Comme conclusion, les agents matrimoniaux feront bien de méditer l'histoire suivante qui s'est dénouée il y a peu de temps devant le tribunal civil de la Seine.

Un gentilhomme M. G. T. de P.., allié à une des premières familles de France, n'avait qu'une fortune médiocre ; il cherchait une femme riche, il s'adressa un peu partout mais sans succès ; de guerre lasse, il rencontra un dentiste, M. E...L... Ce dernier se mit en quête de l'oiseau rare et parvint à dénicher dans le fond d'une province la veuve d'un magistrat qui lui avait laissé en mourant le joli denier de 700.000 francs.

Les 700.000 francs plurent immédiatement au jeune G. T. de P... Mais le dentiste qui ne s'endormait pas sur le rôti, exigea une lettre de commission ; le gentilhomme lui écrivit ceci :

19 avril 188.

Monsieur

« Je m'engage à vous payer la somme de 50.000 francs dont 10.000 francs payables le lendemain des noces si mon mariage avec madame P..., se fait.

« Je suis très heureux, cher monsieur, que cette circonstance me permette de vous être agréable et en même temps puisse vous donner les moyens de vous créer une position honorable.

Veuillez agréer mes salutations.

V. G. de P...

Le mariage eut lieu dans le mois de juillet suivant.

Mais ni le lendemain des noces, ni plus tard l'infortuné dentiste ne vit rien venir ; à toutes ses réclamations, on lui riait au nez ; fatigué, mais tenace, il assigna le gentilhomme ; Mᵉ Oscar Falateuf était chargé de sa revendication.

Le marié récalcitrant avait choisi Mᵉ Doumerc pour avocat.

La plaidoirie de ce dernier est tout particulièrement intéressante :

« .... Je ne voudrais pas laisser échapper quoique ce fût de désagréable pour M. L...., mais je suis forcé de lui déclarer qu'il s'est mis ici dans une situation fort... embarrassante. En effet, j'ai le regret de lui apprendre que la loi assimile l'entremetteur au « proxénète ». Or, les lois romaines, très sévères pour les proxénètes, furent d'abord plus favorables à ceux-ci lorsqu'il s'agissait d'une entremise ayant abouti à un mariage. Mais ces textes ne tardèrent pas à être abrogés par la loi *De nuptiis* qui refusait toute rémunération aux entremetteurs de cette catégorie.

« Plus tard, beaucoup plus tard, chez nous, les parlements suivirent toujours cette jurisprudence, et j'ai notamment, dans mon dossier, un arrêt du Parlement de Paris, en date du 29 janvier 1591 et un autre du 7 août 1690, qui sont absolument dans le sens que j'indique.

« Enfin, plus près de nous, le 1ᵉʳ mai 1855, la Cour de Cassation a, dans un arrêt fortement motivé, définitivement décidé que « l'obligation souscrite pour rémunération de la négociation d'un mariage est nulle comme fondée sur une cause illicite et contraire aux bonnes mœurs ».

Le tribunal se rangea de cet avis, le dentiste fut débouté de sa demande.

Il en est qui s'affranchissent des *marieurs* et ont recours tout simplement, directement aux annonces des journaux en vogue. En voici quelques-unes à titre d'échantillons : elles furent publiées par une feuille bien pensante qu'il est inutile de nommer, mais que tout le monde connait.

AVIS DIVERS

Une veuve *solitaire*, libre de toute charge, quarante ans, mais paraissant être plus jeune, et dont le cœur est dans le tombeau, aimerait à faire la connaissance d'un homme respectable.

Emilie B... demande à correspondre avec un gentleman un peu âgé. Il doit être un peu grand, goûts raffinés, bon caractère, et posséder quelque fortune. Emilie a dix-sept ans, très-jolie, très comme il faut, d'un bon caractère et d'une bonne famille.

Annie, dix-huit ans, grande, très-aimable, d'une charmante apparence, disent les gens, yeux bleus, cheveux bruns, teint de lait, cœur aimant, joyeux et affectionné, soupirant après l'intérieur, *n'éprouverait pas la moindre objection* à faire la connaissance d'un *ami* en vue d'un mariage dans trois ou quatre ans.

— Dix millions, telle est la fortune d'un monsieur âgé de quarante ans qui désire épouser une jeune personne d'une beauté merveilleuse et d'une éducation parfaite. On ne tient pas à l'argent. Ecrire franco sous les initiales Y Z, poste restante.

Toutes ces annonces produisent; ceux ou celles qui les font reçoivent d'énormes quantités de lettres contenant les choses les plus abracadabrantes, mais bien peu aboutissent. Ceux qui cherchent à se marier ne sont pourtant généralement pas difficile pour la... femme, car il y a une trentaine d'années on trouva bien, au moyen d'une annonce, à marier deux femmes, dont l'une avait une tête de mort, et l'autre une tête de cochon; il faut ajouter qu'elles étaient millionnaires et qu'elles ne sortaient jamais sans avoir le visage recouvert d'un voile noir. Quelques anciens du boulevard du Temple se rappellent ce fait.

Il en est qui n'ont jamais recours aux annonces et qui emploient des moyens originaux pour caser leurs filles ou leurs nièces, à preuve cette aventure :

En 1885, la préfecture de police était avisée qu'un étranger, se faisant appeler le baron de F..., parcourait les cercles et les établissements publics fréquentés par la haute société, qu'il y vendait des billets d'une loterie extraordinaire, composée d'un lot unique : *Une terre située aux environs de Bucarest, et une jeune fille.*

Pour activer la vente des billets, le baron exhibait la photographie de la jeune fille ; le château valait, disait-il, deux cent mille francs ; quant à la jeune fille, elle était d'une physionomie charmante, bien élevée et possédait toutes les qualités. Le billet de loterie coûtait la modique somme de cinquante francs.

Tant la bêtise humaine est grande, le baron F... en plaça une quantité ; il fut arrêté dans un hôtel meublé, rue Chateaubriand, sous la prévention d'avoir émis en France des billets d'une loterie étrangère non autorisée. Quand on l'arrêta, il fit une vie de polichinelle, il cria que personne, pas même la police, n'avait le droit de l'empêcher de disposer à son gré de son château et de la main de sa nièce, car la jeune fille mise en loterie était la fille de son frère.

— De quoi vous mêlez-vous, disait-il, je préviens ceux qui prennent des billets que s'ils gagnent mon château ils sont dans l'obligation d'épouser ma nièce ; rien ne me semble plus naturel, car, ainsi je suis sûr qu'elle épousera un mari à son aise ; celui qui paie un billet de loterie cinquante francs n'est sûrement pas le premier venu.

La police, qui croyait avoir affaire à un fou ou à un filou, fit prendre des renseignements à Bucarest sur le baron de F... Elle fut bien surprise quand on lui répondit que le baron de F... était un baron authentique, qu'il possédait une certaine fortune, que le château existait réellement et que la jeune fille mise en loterie était véritablement sa nièce.

La loterie fut tirée, ce fut l'heureux possesseur du n° 69 qui gagna ; la jeune fille se nomme aujourd'hui Mme de T...

Le n° 69 lui a porté bonheur.

D'autres n'ont recours ni aux *marieurs*, ni aux annonces, c'est le Dieu hasard qui préside à leur destinée, témoin l'anecdote suivante :

Un fermier bourguignon voyageait à cheval, lorsqu'il trouva près de la Grosne, rivière qui passe derrière Sennecey-le-Grand, une jeune fille assise sur le bord de l'eau.

La rivière, par suite des inondations de 1887, était très grosse, le passage à gué était devenu impossible.

Le fermier causa quelques instants avec la jeune fille ; elle lui raconta qu'elle était en quête d'une place, elle lui montra un excellent certificat de *caractère* que ses derniers maîtres lui avaient donné.

Il prit la jeune fille en croupe. Malheureusement, au milieu de la rivière, le certificat s'échappa du corsage de la servante et tomba dans l'eau. Le courant était assez rapide en cet endroit, le morceau de papier disparut rapidement.

La pauvre fille était désespérée. Que faire maintenant sans certificat de *caractère !*

Le fermier eut pitié de son sort, d'autant plus qu'il n'était pas étranger à l'ouverture du corsage.

— Voyons, lui dit-il, je crois que l'on peut arranger tout cela, je vais vous donner moi-même un *caractère.*

Elle accepta avec reconnaissance. Arrivé à la première auberge, il lui écrivit, sans songer, ce mot :

« 9 mai 1887. Je certifie que le porteur Claudine Diot a perdu son *caractère* aujourd'hui même sur les bords de la rivière la Grosne, *avec moi.*

Thomas Marceau »

Le soir même, lorsqu'elle se présenta chez ses nouveaux maitres, elle vit bien que le certificat du brave fermier ne répondait pas à ses intentions.

Elle alla chez le fermier qui l'épousa.

Depuis ce temps, dans la région, on ne dit plus d'une fille : elle a perdu son pucelage, mais son... *caractère* !

Qu'une fille perde son... caractère, c'est chose ordinaire et surtout naturelle, mais que ce soit son père qui le lui fasse perdre, c'est plus rare; pourtant cela arrive.

Un brave ferrailleur de la rue de Lappe avait pour fille un laideron épouvantable, bossue, louche, cagneuse, des oreilles comme des feuilles de chou, une bouche fendue à coups de sabre, trois dents noires comme la suie, mais longues comme des touches de piano, des cheveux filasse, une poitrine creuse comme une assiette à soupe, un ventre d'hydropique supporté par des jambes minces comme des fils de fer, avec des pieds grands comme un cercueil d'enfant.

Le bonhomme aurait voulu pour tout au monde s'en débarrasser, mais, malgré sa dot, personne n'en voulait. Il eut un jour une idée géniale : il l'envoya seule à Nice, en la recommandant au conducteur du train ; celui-ci, un beau gars à qui la beauté importait peu, lui fit une déclaration ; bref, quand elle revint, elle était amoureuse folle.

Le conducteur du train vint sous un prétexte plausible lui rendre visite, mais la mère ne voulut rien entendre ; le père prit un parti héroïque :

— Vous allez, dit-il à sa fille et au conducteur, vous rendre à la gare du Nord, là vous m'attendrez.

A l'heure dite, ils furent exacts ; le père prit deux billets pour Londres, les leur donna avec une somme assez rondelette, puis ajouta :

— Monsieur, vous reviendrez dans trois mois, et si j'ai la preuve que ma fille a perdu son... *caractère*, il y a cent mille francs dans le berceau!

Au bout de trois mois, ils revinrent; elle était enceinte à pleine ceinture, le mariage eut lieu immédiatement.

III

Les suiveurs.—Monsieur le curé en omnibus. — Madame, écoutez moi donc! —La toile, la toile! Mon mari va vous recevoir. — Je n'aime que les femmes mariées. — Un modèle bien embêté. — Un poète audacieux et une femme du monde. Pantalon d'une main et souliers de l'autre. — Un drôle de dénouement. — Un suiveur puni. — Naïves ou coquines. — L'arbre révélateur. — Philomène et Pancrace. — Histoire d'un capitaine de la garde nationale. — Une femme peureuse. — Sous-lieutenant et capitaine. - Mon capitaine vous êtes coiffé. — Képi et costume de vivandière.—L'inconvénient de porter un couteau dans sa poche.— Un drapeau pour écharpe.—Cocu et pas content. — Paye le diner — Judith et Régina. — C'est ma sœur. — La femme d'un épicier de Bagnolet. — Un costume par trop primitif.— Un appareil gênant. — Une maladresse.— C'est le bonnet de mon petit dernier. — V'là un louis, va diner.— Une bonne histoire de Pochard.—Ma femme n'aura plus soif.

Toutes femmes dans Paris, mariées ou non, sont exposées à être suivies puisqu'on n'a pas encore trouvé le moyen de leur mettre leur contrat de mariage dans le dos, ou de les marquer d'un signe distinctif.

Il est des hommes qui ont élevé la profession de suiveur à la hauteur d'une institution ; ils ont une ténacité sans pareille, rien ne les arrête, ni les rebuffades, ni les longues courses sous la pluie, sous la neige, par un soleil ardent. Suivre une femme est pour eux une passion que rien ne peut combattre.

Il existe dans le quartier Notre-Dame de Lorette un vicaire attaché à une église voisine ; c'est un gars splendide, taillé en hercule. Comme la sœur de l'emballeur, il est bien connu dans le quartier, bien est une façon de parler.

Le gaillard a un flair tout particulier pour reconnaitre à première vue les femmes mariées, et comme, sans doute, il a des goûts illustrés par certaine ville brûlée par le feu du ciel, il prend généralement l'omnibus de l'Odéon à Batignolles.

Voici pourquoi :

Chacun sait que les stalles des voitures de la compagnie sont mesurées parcimonieusement ; il est clair que, lorsqu'une femme qui a la partie postérieure plus que volumineuse s'y asseoit, son fessier retombe en cascade par dessus les appuis, ou s'épanouit moelleusement par dessous.

Aussitôt que ce prêtre monte en omnibus, d'un seul et rapide coup d'œil, il guigne s'il y a une place à côté de la femme appétissante et s'y asseoit.

Il ouvre son bréviaire qu'il tient d'une main et pendant qu'on le croit absorbé dans une pieuse lecture, de l'autre, il pelotte sans vergogne ; la femme rougit, se trémousse comme si elle était dévorée par une légion de puces ; il lui dit audacieusement en souriant, à voix basse :

— Est-ce que madame serait incommodée ?

Madame veut elle que j'ouvre la glace.

La pauvre femme rougit davantage, ne répond pas ; n'osant se plaindre, elle subit en silence les attouchements de son cochon de voisin ; il prend ce silence pour un encouragement, il devient de plus en plus audacieux ; enfin, n'y tenant plus, la femme prie le conducteur d'arrêter, et elle descend de voiture.

Le suiveur descend immédiatement derrière elle.

Il lui emboite le pas, lui marche presque sur les talons et essaie d'engager la conversation.

— Madame, écoutez-moi donc, comme dit la chanson.

La femme se tait, elle n'ose appeler l'aide du passant, de crainte de causer du scandale. Alors, il marche à côté d'elle, comme si c'était une amie, et continue son boniment.

La femme arrive à sa porte, lui aussi ; elle monte son escalier en retroussant ses jupe avec un frou-frou de soie et de mousseline troublant, laissant voir une jolie jambes ; il aurait bien envie de prendre un a-compte et de crier comme l'ancien titi à *Bobino* : La toile ! la toile ! Elle arrive au troisième étage, elle se retourne vers le suiveur émerillonné et lui dit :

— Vous tenez absolument à venir chez

moi? C'est bien, venez, mon mari va vous recevoir.

Le prêtre, qui n'est pas décontenancé par cette déclaration qu'il avait soupçonnée, lui répond tranquillement :

—Ah ! tant mieux, madame, je n'aime que les femmes mariées, parce qu'il n'y a pas d'accident à craindre ni pour la femme, ni pour moi. Il n'est pas un mari, si pointu fût-il, qui trouverait extraordinaire qu'un ministre de dieu vint rendre visite à une jolie pénitente.

Cet enragé suiveur ne s'en va que lorsque la femme est rentrée chez elle.

*
* *

Un bon moyen de se débarrasser des suiveurs est celui-ci qui fut employé par un artiste célèbre ;

Il était et est encore possesseur d'une

femme charmante qu'il aime beaucoup et dont il est aimé. Ces temps derniers, la jeune femme ne pouvait faire un pas sans rencontrer sur son chemin un jeune gommeux bien connu pour sa jolie figure de poupée-Jésus. Aux bains de mer, au concert, au théâtre, dans les salons, elle était en butte aux obsessions de son éternel suiveur. Impossible de s'en débarrasser. Un soir, se promenant avec sa femme, le peintre rencontra le joli gommeux.

— Je donnerais je ne sais combien pour faire poser ce garçon-là, dit-il, dans mon atelier.

— Oh! mon dieu, mon ami, ce monsieur, j'en suis sûre, ne demanderait pas mieux.

Et moité confuse, moitié souriante, elle raconta tout à son mari.

Deux jours après, le gommeux, qui demandait avec insistance un rendez-vous, entendait murmurer à son oreille la phrase tant désirée.

— Je serai chez moi, tel jour, venez à deux heures.

A deux heures moins le quart, le gommeux sonna. Un domestique lui ouvrit et le fit entrer dans l'atelier ; là, le peintre le reçut très poliment, et sans préambule lui dit :

— Déshabillez-vous, complétement nu.

Le gommeux, ahuri, obéit sans mot dire.

L'artiste le coiffa d'un casque, lui mit une lance à la main et ajouta :

— Maintenant ne bougeons plus !

Le pauvre garçon resta en séance pendant quatre heures.

Au bout de ce temps, le peintre le congédia en lui glissant une pièce de vingt francs dans la main et en lui disant :

— A après-demain, même heure.

Le peintre attend encore son modèle de hasard et sa femme n'est plus poursuivie.

.˙.

Une autre bonne histoire de suiveur, dont je garantis l'authenticité.

Par une nuit d'hiver, sombre, pluvieuse, vers huit heures du soir, une femme se tenait sur le trottoir, rue des Saints-Pères, en face la grille qui borde l'Académie de médecine, presque à l'angle du boulevard Saint-Germain. L'obscurité est grande en cet endroit. La femme avait, sur le visage, une voilette noire, soigneusement rabattue. On ne pouvait deviner si elle était jeune et jolie, mais sa tournure, sa démarche, l'ondulation de ses hanches, sa taille mince emprisonnée dans un jersey à la mode, son ensemble en un mot décelait la jeunesse, la femme de race. De plus, elle s'était retroussée d'une façon provocante, presque jusqu'aux genoux, et ses jambes bien attachées étaient mises en valeur par un filet de son jupon de mousseline blanche, qui tranchait sur la couleur marron de ses bas.

Un homme arrêté à quelques pas d'elle la contemplait, la détaillait et se pourléchait à l'avance à la pensée de voir les dessous.

Cet homme, grand suiveur devant l'éternel, la poursuivait depuis longtemps de ses assiduités; elle ne pouvait faire un pas sans le rencontrer sur sa route, elle avait résolu de se venger et d'en finir.

C'est dans ce but qu'elle était là.

Quoique l'homme ne la reconnût pas, il s'approcha d'elle, le chapeau à la main, car c'est un homme du meilleur monde, un littérateur distingué, malgré la longueur de ses cheveux un peu trop romantique. Il la salua :

— Madame, lui dit-il, malgré que je ne voie pas votre visage, vous devez être, et certainement vous êtes charmante; si vous vouliez me permettre de vous accompagner ?

— Mais, monsieur, vous ne me connaissez pas !

— Nous ferons connaissance, et, sûrement une jolie femme comme vous, car vous devez être jolie, mon cœur me le dit, ne peut être cruelle.

— Soit, je veux bien que vous m'accompagniez, mais à une condition.

— J'y souscris à l'avance; pour vous posséder, que ne ferais-je pas?

— Bien. Donnez-moi votre bras et partons.

Ils se dirigèrent vers le haut de la rue Sainte-Placide. Il la serrait amoureusement, elle semblait prendre un plaisir extrême à cette douce pression pleine de promesse.

Arrivés devant une vieille maison qui semblait n'être habitée que par un seul locataire, elle introduisit un passe-partout dans la serrure et la porte massive roula silencieusement sur ses gonds. Alors, elle lui dit :

— Attendez-moi là, dans le vestibule; il faut que j'éteigne les lumières, afin que personne ne nous voie ; pendant ce temps, vous ôterez vos souliers ; il ne faut pas faire de bruit de crainte de réveiller ma femme de chambre et ma fille.

Elle partit.

— Bon, pensa le poëte, j'ai eu la main heureuse, c'est une femme du monde, et calée, ce qui ne gâte rien.

Docilement, comme il l'avait promis, il ôta ses souliers.

Une réflexion lui vint :

— Si j'ôtais aussi mon pantaton?

Aussitôt pensé, aussitôt fait.

Après quelques minutes, la dame revint. Il la suivit, tenant ses souliers de la main droite, son pantalon sous le bras gauche ; elle lui fit, dans une obscurité complète, gravir deux étages, puis ils s'engagèrent dans un vaste couloir.

Doucement, elle lui murmura à l'oreille :

— Un peu de patience, nous allons arriver.

Tout était calme et silencieux.

Tout à coup, elle le poussa fortement, une porte à deux battants s'ouvrit sous la pression.

A l'obscurité profonde succéda une lumière éblouissante, et notre homme, toujours ses souliers à la main et son pantalon sous le bras, fit une entrée qui n'avait rien de triomphal dans la salle à manger.

Autour d'une table splendidement servie, il y avait vingt personnes réunies, en train de dîner joyeusement.

— Mon ami, dit la dame à son mari, assis au centre des convives, je te présente mon éternel suiveur, un poëte célèbre.

— Parfait, répondit le mari, si monsieur désire être des nôtres ?

On voit d'ici la tête du pauvre diable, qui se sauva piteusement, jurant mais un peu tard, qu'on ne l'y prendrait plus.

Serment d'ivrogne, car le lendemain il recommençait; mais, plus prévoyant, il gardait ses souliers et son pantalon !

***

Un suiveur qui eut moins de chance que notre poëte chevelu, fut un brave garçon, qui lui aussi était un suiveur intrépide et indomptable. A l'exposition universelle de 1889, il fit la rencontre d'une fort jolie femme, la suivit, l'obséda à tel point, qu'elle accepta sa compagnie et toutes sortes de choses.

Elle l'emmena dans un appartement luxueusement meublé, situé rue de l'Université.

Le suiveur, qui avait cru avoir affaire à une conquête de hasard, fut étrangement surpris.

La femme, qui s'aperçut de l'étonnement de son compagnon, lui tint ce langage :

— Vous m'avez pris pour une femme comme on en trouve à chaque pas; détrompez-vous, je suis une femme du monde. Mon mari voyage toute l'année. Ma solitude m'a fait surmonter tous les préjugés sociaux ; votre société m'a plu, vous êtes chez moi ; j'ai plusieurs chambres d'amis, je vais vous conduire à celle que je vous destine.

Le suiveur protesta ; il employa tout le vocabulaire usité en pareille circonstance : « Vous êtes cruelle..... Vous savoir ma voisine, sous la même clé, c'est horrible, c'est le supplice de Tantale... je vous aime... »

Prières, supplications, rien n'y fit; elle fut impitoyable.

— Bonsoir, mon ami, lui dit-elle, allez vous coucher.

Le suiveur, désappointé, se résigna; il se mit au lit et ne tarda pas à s'endormir.

Au petit jour, il était entrain de rêver à son étrange aventure, lorsqu'une vive douleur l'éveilla subitement; à côté de lui, debout, il vit une sorte de fantôme, vêtu d'un peignoir de mousseline blanc.

C'était la maîtresse du logis.

Elle tenait à la main un rasoir ensanglanté. Elle venait d'accomplir sur le malheureux une horrible mutilation.

Il se leva comme il put, ouvrit une fenêtre et cria au secours.

Quand le commissaire de police arriva, il trouva la criminelle tranquillement occupée à sa toilette; questionnée sur les motifs qui l'avaient poussée à commettre cet acte, elle raconta au magistrat que, récemment elle avait été violée, et qu'elle avait jurée de se venger sur le premier homme qui se trouverait à sa portée.

J'espère que voilà une femme radicale !

．．．

Les femmes mariées sont naïves, ou coquines, généralement plus coquines que naïves.

Chacun sait que les grands arbres qu'on voit sur nos boulevards, arbres qui font la joie des militaires et des bonnes d'enfants, ne grandissent pas sur place, ils viennent tout élevés des pépinières de la ville.

Il y a peu de temps, on remarquait un homme d'une tournure distinguée qui, depuis le bois de Boulogne, suivait avec une anxiété visible un chariot chargé d'un superbe vernis du Japon.

Le chariot roulant sur le macadam s'arrêta en face du n° 27.

L'homme, s'approchant, regarda l'arbre :

— Pourquoi, dit-il au conducteur du chariot, n'allez-vous pas planter cet arbre plus loin ?

— Mais, bourgeois, parce que nous sommes arrivés.

— Comment ! vous allez planter, là, ce vernis du Japon ?

— Mais oui, il a sa place désignée ici.

— En face du numéro 27?

— Parfaitement.

— Je vous donne cent francs, allez le planter plus loin.

— Vous m'en donneriez mille que c'est impossible, voilà son trou tout prêt.

Les hommes plantèrent silencieusement le mystérieux vernis du Japon, dont les branches fourchues semblaient regarder d'un air narquois les fenêtres de l'appartement d'en face.

L'homme s'enfuit, pendant que les jardiniers de la ville jetaient leurs dernières pelletées de terre pour consolider l'arbre.

Une heure plus tard, une femme encore

jeune, élégamment mise, sortait du numéro 27 et s'arrêtait devant le vernis du Japon, au pied duquel s'était déjà installé un commissionnaire ; elle regarda l'arbre et tomba inanimée !

Le commissionnaire, aidé par un sergent de ville, remonta la jeune femme dans son appartement ; le mari, éperdu, s'informa de la façon dont l'accident était arrivé ; le sergent de ville répondit que cette dame s'était évanouie au pied d'un arbre qu'on venait de planter devant la maison.

— C'est singulier, se dit le mari, les végétaux n'indisposent pas ma femme d'habitude, qu'est-ce que cela veut dire ?

Il descendit quatre à quatre l'escalier.

Pendant ce temps, madame revint à elle.

Le mari, après avoir fait le tour de l'arbre, était remonté plus vite qu'il n'était descendu.

En voyant sa fureur, elle se jeta à genoux en s'écriant :

— Pardonne-moi, pardonne-moi !

— Madame, lui dit gravement le mari,

quand on s'appelle Philomène et qu'on a un cousin du nom de Pancrace, on ne grave pas ces noms là en toutes lettres sur l'écorce d'un arbre.

Puis il ajouta sentencieusement :

— Madame, les arbres qu'on croit à jamais cachés dans les profondeurs du Bois de Boulogne se trouvent, un jour, par une ironie suprême, devant la demeure de l'époux outragé.

* *

Le vernis du Japon révélateur est dépassé par l'histoire d'un certain képi, qui, à son heure, courut tous les salons (pas le képi, mais l'histoire) de la haute finance parisienne.

La voici :

Un agent de change qui vient de mourir

récemment était capitaine dans la garde nationale.

Cette fonction, pour les uns, était un moyen d'échapper à la tyrannie conjugale, car le soir, au lieu de monter la garde, on s'en allait souper en joyeuse compagnie.

Il n'en était pas de même pour l'agent de change en question, renommé pour sa fidélité de caniche, il ne la montait qu'à regret.

Sa femme, une mondaine des mieux réussies, était furieuse chaque fois qu'il devait passer la nuit dehors.

Elle se lamentait, gémissait, lui sautait au cou, en lui disant :

— Mon pauvre Adolphe, mon pauvre Adolphe, tu vas donc encore m'abandonner ce soir, tu sais comme je suis peureuse; aussitôt dîner, vers huit heures du soir, je vais m'enfermer à double tour, à triple verrou, dans ma chambre à coucher et n'ouvrirai pas pour un château.

Les domestiques, la femme de chambre

surtout, riaient beaucoup de cette faiblesse, mais cela lui était indifférent.

Un soir d'hiver, Adolphe commandait la garde des Tuileries; il s'aperçut qu'il avait oublié son képi. Comme un shako gêne passablement pour dormir sur un lit de camp et qu'il faisait un temps magnifique, Adolphe qui demeurait dans le faubourg Saint-Honoré, alluma un cigare, laissa pour quelques instants le commandement du poste à son lieutenant et s'en alla chez lui.

Il était à peine dix heures; mais, suivant son habitude madame était enfermée depuis le dîner.

Adolphe, au courant de la circonstance, frappa.

Pas de réponse.

Il frappa plus fort, même silence.

— Elle a le sommeil bien dur, pensa-t-il, il frappa de nouveau. Cette fois, une voix émue demanda :

— Qui est là ?

— Parbleu, c'est moi, dit Adolphe, ouvre donc.

— Que veux-tu ?

— Figure-toi que j'ai oublié mon képi.

— Attendez un peu, je n'ai pas de lumière.

— Ne te dérange pas, dit le mari impatienté, je n'ai pas besoin de lumière, donne-moi seulement mon képi, reprends mon shako et je me sauve.

— Le voilà, murmura-t-elle en entr'ouvrant la porte et en remettant la coiffure demandée.

Quelques minutes plus tard, il rentra au poste.

Tout le monde dormait. Il s'étendit sur son lit de camp et s'endormit d'un profond sommeil.

Le matin venu, il s'éveilla, sortit de sa chambre et rentra dans le poste. Ses hommes le regardèrent avec stupéfaction, puis partirent d'une immense éclat de rire.

Le capitaine, étonné, demanda au tambour, qui était près de lui, pourquoi l'on riait si fort.

Le tambour balbutia :

— Mon capitaine... pardon... mais vous êtes...

— Allons, quoi ? Réponds donc !

— ..... Vous êtes coiffé...

Il ne put achever tant il riait, ainsi que tous les gardes nationaux.

Adolphe se découvrit rapidement, regarda sa coiffure, et devint subitement rouge, blanc, jaune.

Il s'était endormi avec le képi garance à turban bleu céleste des chasseurs d'Afrique.

Un simple galon d'argent lui révélait que cette coiffure devait sûrement appartenir à un sous-lieutenant de cette arme.

Adolphe, homme du monde avant tout, sans rien comprendre toutefois à cette substitution, songea à mettre les rieurs de son côté en expliquant la chose du mieux qu'il put.

Il ne descendait de garde qu'à cinq heures. Il attendit patiemment le moment de s'expliquer avec sa femme.

De son côté, en s'éveillant le matin, madame s'était aperçue de l'erreur qu'elle avait commise, car elle avait trouvé sur sa table de nuit un képi noir, orné de trois galons d'argent au lieu d'un certain képi rouge qui devait y être.

Loin de perdre la tête, elle songea à sauver la situation.

La présence d'esprit d'une femme est une sauvegarde pour les cocus.

Le soir, Adolphe rentra anxieux, mélancolique, et sans dire un mot, jeta aux pieds de sa femme le képi accusateur.

Elle poussa un cri de joie.

— Ah ! enfin, vous l'avez donc trouvé ?

Adolphe la regarda ahuri.

— Ah ! mon Dieu oui, s'écria-t-elle, je l'ai assez cherché.

— Quoi ! que veux-tu dire ? s'exclama Adolphe confondu.

— Eh bien ! mon képi, pour le bal costumé de demain chez la baronne de Rotschild.

Et elle montrait à son mari un ravissant costume de cantinière de chasseur d'Afrique étalé sur le tête-à-tête.

— Tu m'accompagnes, n'est-ce pas Adolphe ? lui dit-elle. En quoi te mettras-tu ?

Cette femme-là était moins naïve qu'au temps de sa jeunesse, car il me souvient d'une aventure qui lui arriva dans un salon officiel, où elle avait été présentée par une haute notabilité ecclésiastique. Elle raconte elle-même cette aventure avec un esprit diabolique.

Elle valsait avec le jeune duc de.., marié récemment, jeune homme alors charmant, timide, qui n'avait jamais quitté son précepteur, un révérend père jésuite célèbre. Elle avait fait plusieurs fois le tour du salon. Il la pressait de plus en plus, d'une façon étroite, n'osant lever les yeux sur elle, paraissant comme enivré par une bonne odeur de chair fraîche, lorsque tout-à-coup, elle sentit un corps dur qui la gênait ; elle voulut sans rien dire le déplacer et, n'y parvenant pas, elle lui dit :

— Monsieur le duc, ôtez donc le couteau que vous avez dans votre poche, le manche me gêne !

Le pauvre valseur rougit jusqu'aux oreilles...

Un autre de ses traits de naïveté :

Un soir, sa mère lisait le journal à voix haute, il s'agissait d'un fait-divers à sensation. Une jeune femme avait subi les « derniers outrages. »

— Maman, qu'est-ce que c'est que les « dernier outrages..? »

— C'est de cracher à la figure de quelqu'un.

A quelques temps de là, étant avec sa mère, en visite, dans une maison amie, la conversation vint à tomber sur le même sujet.

— C'est horrible, disait l'une.
— La malheureuse, ajoutait l'autre.

Elle, le plus tranquillement du monde :

— Elle n'avait qu'à s'essuyer !!

.

Il est une catégorie de maris qui, apprenant, soit par un *ami* complaisant, soit par la rumeur publique, qu'ils sont cornus à rendre des points à un cerf dix cors, jettent feux et flammes, et jurent de tuer l'infidèle par le fer, le feu, la poudre ou le poison.

Ils confient leur douleur à tout le monde, ils pleurent, jurent, se lamentent, et si la femme les a quittés, ils n'ont qu'un souci, qu'un but, qu'une espérance : la retrouver pour assouvir leur vengeance.

Un jour, plusieurs amis étaient à dîner à Asnières, chez un de leurs camarades. Parmi les convives, il y en avait un, charmant homme d'ailleurs, qui se trouvait dans le cas indiqué plus haut. Sa femme était pourtant d'une laideur à rendre des points à la laideur elle-même, maigre comme un cent de clous, des oreilles comme des plats à barbe, une bouche grande comme un four, des yeux dont l'un trempait la soupe, tandis que l'autre renversait les légumes dans les cendres, des dents noires comme de l'ébène et larges comme des dominos, plate par-dessus le marché comme une volige, excepté dans le dos, car elle était tellement bossue, que les gamins, quand ils la voyaient passer dans la rue, criaient : Elle a volé un pain !!

Tant le goût des hommes est bizarre, au moins autant que celui de la femme, elle avait rencontré, sur sa route, un petit jeune homme charmant qui s'était passionné pour elle et était devenu son inséparable compagnon.

Au milieu du dessert, quelqu'un vint lui dire que sa femme était dans un restaurant voisin, en cabinet particulier. Aussitôt, il raconta « ses malheurs » et demanda aide et assistance à ses amis pour se venger.

Voici ce qui fut résolu : un grand bougre,

à l'allure martiale, devait jouer le rôle du commissaire de police; on retira de sa hampe un vieux drapeau qui avait servi le 14 juillet; deux amis se dévouèrent pour jouer le rôle d'agents et tous les dineurs partirent pour le restaurant en question.

Les amis s'assirent dans la salle du bas, le pseudo-commissaire, ceint du vieux drapeau, monta l'unique escalier qui conduisait au cabinet, accompagné de ses deux agents; le mari les suivait. Le commissaire frappa à la porte: Au nom de la loi, ouvrez! Personne ne répondit. On fit une pression sur la porte qui, mal assujettie, s'ouvrit aussitôt, et le groupe aperçut, sur le canapé éraillé, la femme et l'amant dans une situation et dans une tenue qui ne laissaient aucun doute.

Le mari s'avança.

— Madame, lui dit-il, vous m'avez trompé, j'avais juré de vous tuer, je pourrais vous trainer devant les tribunaux, mais je ne le ferai pas par respect pour mon nom. Demandez-moi pardon, et allons-nous-en !

— Oui, dit-elle, mais à une condition, comme c'est moi qui ai invité monsieur, tu payeras le diner.

Alors une idée folle lui passa par la tête, au lieu de payer l'addition il renvoya ses amis, sonna le garçon et demanda un couvert. Le pauvre amoureux affolé se tenait coi, ne sachant que faire.

— Asseyez-vous, fit le mari, et dinons.

Au dessert, il dit au jeune homme :

— Vous m'avez fait cocu, vous permettez que je vous rende la pareille.

Le jeune homme, confus de ce dénouement, voulait s'en aller.

— Vous pouvez rester, lui dit le mari, vous pourrez ainsi apprécier la justesse du vieux proverbe : quand il y en a pour un, il y en a pour deux !

Quelques minutes plus tard, le mari donnant le bras à sa femme faisait triomphalement son entrée chez l'ami, et le reste du diner s'acheva dans un immense éclat de rire.

Ce mari-là fut le héros d'une autre histoire ; il rendit la pareille à un autre mari, moins honnête et moins scrupuleux que lui.

Il courtisait une belle fille, nommée Régina, qu'il poursuivait sans cesse, mais elle était en ménage depuis assez longtemps avec un charmant garçon qu'elle ne voulait pas tromper à n'importe quel prix. Elle apprit, par hasard, l'aventure d'Asnières, et résolut de faire une charge à son vieil amoureux transi.

Elle lui donna rendez-vous, dans un endroit public.

— Mon vieux, lui dit-elle, tu veux ma peau ? Eh bien, j'ai une sœur qui est dix fois plus belle que moi, veux-tu que je te la fasse connaître ?

— Tout de suite, répondit-il.

Le lieu de rendez-vous était une brasserie très fréquentée par des filles de tous poils et de tout rang : vieilles gardes hors de service, naïves, fraîches émoulues, commençant leur apprentissage en attendant de descendre aux boulevards, femmes mariées faisant le *truc* sous l'œil vigilant de leurs maris, etc. Parmi ces dernières, il y en avait une bien connue qui n'avait jamais coupé la tête à personne, quoiqu'elle portât le nom de l'héroïne qui illustra Holopherne.

Régina prit Judith à part et lui fit la leçon.

— Je t'ai dégotté, lui dit-elle, un brave *miché*; si tu es bien gentille, il deviendra *un ordinaire*. Je lui ai dit que tu étais ma sœur, que tu étais mariée avec un brave épicier de Bagnolet; tu tâcheras d'être prude et de ne pas faire tes blagues habituelles ; plus il te croira chaste, plus il *casquera* ; conduis-toi comme une femme mariée qui cède à la nécessité, et laisse-lui entrevoir qu'il t'a séduite.

Régina présenta Judith à X...

X... fut enchanté.

— Elle est mieux que toi, ta sœur, dit-il à Régina.

Rendez-vous fut pris, le soir même, dans un restaurant de la place Pigalle.

Judith fut exacte.

Ils prirent un cabinet particulier. A peine aux hors-d'œuvres, Judith oublia la recommandation de *sa sœur*, en vertu du proverbe : chassez le naturel, il revient au galop; elle dégrafa sa robe, retira son corset, bref, en un clin d'œil, elle apparut aux yeux de X..., dans le simple appareil d'une Vénus, n'ayant pour tout vêtement que ses bas, ses jarretières et ses bottines. X..., affriolé par l'éloquence de la chair, ne se fit pas la réflexion que pour la femme d'un épicier ce costume était plus que léger, il oublia les hors-d'œuvres pour un plat plus substantiel...

Judith dîna dans son costume primitif.

X... était porteur d'un appareil qui a illustré un industriel, homonyme du roi de Serbie. Tout Paris connait cet industriel qui appelle les passants à voix basse pour leur offrir sa marchandise. Cet appareil utile est parfois gênant ; aussi X..., qui en avait fait l'expérience, cherchait-il à s'en débarrasser pour le dessert. Enfin, après bien des efforts, il y parvint, et le jeta adroitement sur une chaise où se trouvaient son chapeau et celui de Judith ; malheureusement, il se trompa : l'appareil alla tomber dans le chapeau de Judith, au lieu de tomber dans le sien.

Le repas terminé, Judith, pressée de partir, car son mari l'attendait afin d'aller dîner à son tour, demanda à X... le prix de ses complaisances. « Je n'ai que vingt francs, lui dit-il, va les changer au comptoir, tu me remonteras dix francs; une autre fois je serai plus riche, et plus généreux. »

Judith, qui n'avait en X... qu'une confiance relative et qui pratiquait par expérience la fameuse maxime : Un bon tiens vaut mieux que deux tu auras, se r'habilla à la hâte; elle ne prit même pas le temps de remettre son corset qu'elle enveloppa dans un journal, mit son chapeau et partit :

— Dans cinq minutes, je reviens, mon chéri, lui dit-elle.

Elle courut à la brasserie.

En la voyant, toutes les femmes partirent d'un éclat de rire formidable. L'appareil qui était dans son chapeau et qu'elle n'avait pas aperçu, dans sa précipitation, laissait pendre ses deux bretelles grises de chaque côté de son visage.

— Que diable as-tu là ? dit l'une.

— Quelle est donc la modiste qui a inventé ce nouvel ornement aux chapeaux Rubens ?

Judith se regarda dans la glace, et se mit à rire plus fort que les autres, d'autant plus que son mari était sur la banquette, dessous la glace dans laquelle elle se regardait. Sans se déconcerter elle répondit :

— Ça, c'est le bonnet de mon petit dernier.

Le mari ne broncha pas.

— Tiens, lui dit-elle, en lui passant le louis, va dîner, et rapporte moi la monnaie !

*
* *

Si tous les maris ne se préoccupaient pas plus de leur femme que le peintre V..., ce serait charmant.

Un jour, il fit la rencontre d'un camarade. Il était sept heures du matin. Pour commencer la journée dignement, ils firent une partie de zanzibar, à Notre-Dame-de-Mélé-Cassis. Partie perdue appelle une revanche, une revanche amène la belle. Il faisait un temps superbe. — Si nous allions manger une friture à l'*Échalotte ?* dit l'ami. — V... ne se fit pas prier. Les voilà tous les deux bras dessus bras dessous en route pour Saint-Ouen. Le chemin est long. Il faisait une greuse de poussière à donner soif à la Seine; les marchands de vins ne manquaient pas, le picolo abondait ; bref, quand ils arrivèrent, ils avaient du vent dans les voiles. Ils mangèrent copieusement et burent davantage. Mis en goût, le soir, ils partirent pour Argenteuil. Nouvelle station. Si bien qu'ils manquèrent le train.

Le lendemain matin, la journée s'ouvrit par un coup de vin blanc, autre friture. — On affirme, dit l'ami, que le vin de Vernon est meilleur que l'Argenteuil, si nous allions en déguster quelques litres?

Les voilà partis pour Vernon. Là, ils se payèrent une de ces *cuites* à faire pâlir six Polonais; ils y restèrent huit jours, tout en se promettant de rentrer à Paris, le soir même.

Comme tout a une fin, l'argent plus que le reste, ils durent revenir complètement à sec.

Arrivés, tout en devisant, jusqu'au boulevard Rochechouart, V... vit passer un modeste convoi.

Machinalement, il ôta son chapeau et s'arrêta; derrière le corbillard, il aperçut des amis.

— Tiens, dit-il, X... Y... Z... ils reconduisent donc un camarade?

Il s'approcha de l'un deux :

— Qui donc est mort?

— Mais, malheureux, c'est ta femme!

Il prit philosophiquement la tête du cortège et accompagna le corps jusqu'au cimetière. En en sortant il commit ce mot féroce :

— Combien crois-tu, dit-il à son copain, que cet enterrement puisse représenter de litres de picolo ? Elle est bien heureuse, elle n'aura plus soif !

VI

Un sonnet de Victor Gresset. — Une légion de cocus. — Les femmes dociles. — Ne la tue pas, exploite-la. — Un mari surpris. — Un mari au mont-de-piété. — Soixante mille francs d'espérance. — L'ami de la maison. — Un malade imaginaire. — Un truc canaille. — Embrasse-moi et prend garde au fil. — Un désaveu de paternité. — Lamartine et M. X... — Le jour de madame. — Une lettre impertinente. — Un secrétaire embarrassé. — Un diner extraordinaire. — Le dessus du panier. — Prince, qu'en pensez-vous ? — Les chambellans de l'empereur vous attendent.

<blockquote>

Le monde est peuplé de Cocus,
Et, tant qu'existera le monde,
Mes chers amis, tous à la ronde
Les maris seront Cocus.

Des époux contents et Cocus
La race en espèces abonde
Sur terre aussi bien que sur l'onde.
Un seul amant fait vingt Cocus.

Or, je vous le dis sans faconde,
Et c'est vérité très profonde :
Le meilleur ami du Cocu,
</blockquote>

> Que sa femme soit brune ou blonde,
> Rousse, stérile ou bien féconde,
> C'est celui qui le fait Cocu !

Mon ami Victor Gresset, le dernier descendant de l'auteur de *Vert-Vert*, a bien raison : le meilleur ami du mari, est celui qui le fait cocu.

Les maris qui profitent du cocuage sont légion.

Les amants qui profitent du mari sont presque aussi nombreux.

Dans le premier cas, l'homme n'est guère estimable; cependant, aux yeux du monde, il peut arguer de son ignorance pour justifier sa situation.

Dans le second cas, il n'y a pas à mâcher les mots : l'amant de cœur, le *bel ami*, n'est qu'un vulgaire maquereau.

Il y a cent mille manières d'être cocu.

Il y a cent mille manières d'être maquereau, sans paraitre l'être.

Dans un ménage, le mari gagne trois mille francs ; ils habitent un appartement de six cents francs par an, la femme dépense mille francs pour sa toilette, le mari cinq cents francs ; il reste net *neuf cents francs* pour les promenades, les impositions, le café et la nourriture, encore en admettant qu'ils n'aient ni enfants, ni chats, ni chiens ; il faut bien que quelqu'un paye la différence.

Celui-là, c'est le cocu intelligent qui se moque des théories anciennes : Tue-la ! Il est plus *fin de siècle* que cela ! Exploite-la; cela ne fait pas de scandale et cela rapporte, ça fait bouillir la marmite, comme disent les femmes du peuple.

Ce cocu-là a un autre avantage. Jamais de querelles dans son ménage, la femme est souple et câline, persuadée que son mari ignore tout. Jamais, quand il va au café, au théâtre, au cercle, elle ne récrimine, comme le font généralement les femmes qui n'ont rien à se reprocher, femmes qui deviennent à un moment donné si crampon que leur honnêteté transformée en égoïsme devient un fardeau et que l'homme cherche un *ami* pour s'en alléger.

Si, dans certains ménages, la femme rapporte au logis, dans certains autres, elle dépense pour son amant ; c'est le système compensateur. Plus d'une a ruiné son intérieur et cela le plus naturellement du monde.

J'ai connu une grande dame, s'il vous plait, Mme de C..., riche comme Crésus, mais en propriétés foncières. Elle fit un jour la connaissance d'un petit auteur crotté, un raté. Au deux décembre, il s'exila volontairement ; cet exil le posait en homme politique, en persécuté ; Mme de C... fit des sacrifices énormes pour le faire vivre.

En exil, il eut l'idée d'une conspiration pour renverser l'empire ; il fit part de ses projets, par un émissaire, à Mme de C... ; celle-ci accepta de recruter des adhérents. Le signe de reconnaissance était une médaille coupée en deux d'une certaine manière.

La police eut vite vent de cette conspiration enfantine. Un mandat d'amener fut lancé contre Mme de C...

Lorsque le commissaire de police se présenta à la campagne qu'elle habitait, il fut reçu par le mari.

On juge de sa stupéfaction quand le commissaire lui eut décliné ses qualités et la mission qu'il avait à accomplir.

On prévint madame et la perquisition commença en présence du mari.

Le commissaire de police ne trouva rien de compromettant, mais, dans un chiffonnier, il découvrit pour plus de trente mille francs de reconnaissances du mont-de-piété.

Le commissaire en fit l'inventaire ; le mari, furieux, dans une rage inexprimable, le suivait avec attention ; tant que la nomenclature des bijoux engagés que le secrétaire enregistrait soigneusement ne porta que sur des objets appartenant à sa femme, il se contint, mais voilà que tout à coup le commissaire annonça :

— Un plat en argent, trois cent cinquante francs !

Le mari bondit.

— Comment, misérable, dit-il à sa femme, vous avez engagé mon plat à barbe pour votre amant.

Elle répondit placidement :

— Si on avait voulu me prêter sur vous, monsieur, je vous aurais mis au mont-de-piété !

Cette aventure lui valut plusieurs années de prison.

Son ancien amant, revenu d'exil, se maria; sa femme partit avec son cocher et il devint député... avancé.

.*.

Les cocus, hommes ou femmes, emploient toutes sortes de ruses pour se dépister mutuellement ; c'est une lutte de peaux-rouges dans laquelle chacun déploie des qualités remarquables, des trésors d'adresse, d'intelligence, voire même de génie.

Cette lutte dure depuis que le monde est monde.

Une femme charmante, mariée à un garçon fort aimable, ne l'aimait plus depuis longtemps. Pourquoi ? Elle eut été fort embarrassée assurément d'en donner les raisons. Ce ménage, en apparence uni, car c'étaient des gens bien élevés, était un véritable enfer; aussitôt que mari et femme se trouvaient ensemble, des scènes terribles éclataient.

— Monsieur, vous ne m'aimez plus !
— Madame, c'est vous.
— Monsieur, vous rentrez tard.
— Madame, vous ne songez qu'à votre toilette.
— Vous m'avez apporté, en mariage, soixante mille francs *d'espérance*, mais votre famille a la vie dure ; j'ai beau travailler, je n'ai plus un sou, je n'ai plus une heure de repos ; vous avez deux chevaux à

l'écurie et vous vous plaignez comme si vous alliez à pied ; vous dépensez dix huit mille francs par an pour votre toilette, et vous criez que je vous laisse sortir et aller dans le monde à moitié nue; autrefois, quand, pour une bonne œuvre, je donnais dix francs ou un louis, selon la saison et la quêteuse, on me disait gracieusement merci et je passais pour un homme d'ordre ; aujourd'hui que l'on s'imagine que j'ai épousé une femme riche, en donnant même cinquante francs, je passe pour un avare. C'est une vie infernale.

La femme lui répondait :

— Je vous conseille de vous plaindre! Les journaux parlent de moi dans leurs *échos mondains ;* sans moi, votre nom serait aussi obscur que celui du dernier des derniers...

De guerre lasse, le mari prenait son chapeau et s'en allait.

— Ah ! c'est comme cela, dit un beau jour la femme, je vais prendre un amant.

Elle le prit, et le calme renaquit comme par enchantement dans la maison. Mais comme l'amant était pauvre et que la femme était habituée au luxe, leurs relations étaient tout ce qu'il y a de plus platoniques ; pour ses amours nouveaux, il lui fallait un nid capitonné.

On était au printemps, la passion commençait à l'agiter d'une furieuse façon, d'autant plus vivement que son mari la délaissait complètement. Elle résolut d'en finir.

Son mari était un malade imaginaire ; il suffisait de parler devant lui d'une maladie pour qu'aussitôt il s'en crût atteint et courût chez un médecin ; elle résolut d'exploiter cette situation.

Peu à peu, insensiblement, elle l'entoura de soins dévoués et affectueux. Chaque fois qu'il rentrait, elle le plaignait.

— Mon ami, comme tu parais fatigué, lui disait-elle, tu es pâle, ta douleur au côté te fait donc plus souffrir? Il faut absolument te soigner.

L'amant en perspective était, comme bien on le pense, *l'ami* ; fidèle à la tactique, mais sans comprendre où elle voulait en arriver, il renchérissait.

— C'est bien malheureux, disait-il, que tu sois affligé d'une aussi triste façon.

Après trois semaines de lamentations journalières, le pauvre diable dut s'aliter ; il se croyait déjà à l'article de la mort.

Voilà le premier acte de la comédie.

Elle alla trouver un médecin de ses amis et lui tint ce langage :

— Mon mari se croit malade, il est persuadé qu'il a une tumeur au côté, je pense qu'il n'est malade que d'imagination et que, si vous vouliez, on pourrait le sauver.

— Que faire ?

— Si l'on simulait une opération ?

— Il y a des exemples de ce genre qui ont été convaincants, les malades ont été guéris ; nous pouvons essayer.

On prévint doucement le mari, qui accepta la chose bravement. Il fit son testament, recommanda sa femme à son *ami* et jour fut pris pour l'opération.

On lui fit une légère incision, on lui fit

croire qu'on lui avait extrait du côté une énorme tumeur et le médecin, après l'avoir pansé, lui ordonna une immobilité absolue.

Second acte de la comédie.

J'ai oublié de dire que cette aventure se passait dans un château avoisinant Saint-Germain et que les acteurs étaient d'un grand *pluc*, suivant l'expression belge.

— Ma bonne amie, dit le malade qui se croyait moribond, je ne veux pas que les domestiques me touchent...Toi seulement... Je veux te devoir la vie ; achève ce que tu as si bien commencé. Comme il m'est défendu sous peine de mort de faire aucun mouvement, au moment de te coucher, tu viendras m'attacher un fort fil de soie au poignet gauche, le fil passera sous les portes, tu l'attacheras également à ton poignet et si j'ai besoin de toi dans la nuit, pour t'éveiller, je tirerai le fil.

Les appartements qu'ils habitaient étaient situés dans l'aile gauche du château, en enfilade ; la chambre du mari se trouvait à une extrémité, celle de la femme à l'autre; plusieurs pièces étaient au milieu.

Au moment de se coucher, la femme alla dans la chambre de son mari, et comme c'était convenu, elle lui attacha le fil, le fit passer sous la porte du salon, du boudoir, de la bibliothqèue, du cabinet de travail, de la salle à manger, rentra dans sa chambre à coucher, se déshabilla, puis s'attacha l'autre extrémité du fil au poignet . . . .

Epilogue.

L'*ami* l'attendait.

Elle se coucha.

— Enfin! dit-elle avec un soupir, embrasse-moi et prends garde au fil!!

. . . .

.*.

L'héroïne de l'aventure suivante se moquait pas mal du fil!

Un écrivain célèbre, M. de X.., avait épousé en octobre 1856 mademoiselle G. J. B., comtesse de B... Pendant la guerre, cette dernière alla en Angleterre. Elle accoucha, le 10 août 1871, à Langham-Hôtel, d'une fille. Aussitôt que M. de X... apprit cette nouvelle aussi inattendue que désagréable, il intenta à sa femme, devant la 1re chambre du Tribunal civil de la Seine, une action en séparation de corps et en désaveu de paternité. Le Tribunal lui donna gain de cause et ordonna la transcription du jugement sur les registres de la mairie du septième arrondissement, mais il le condamna à servir une pension annuelle de 20.000 fr.

Ce jugement passa inaperçu au milieu des terribles événements que la France venait de traverser : la guerre de 1870 et la commune de 1871, autrement, les anecdotes n'auraient pas manqué de pleuvoir sur les ennuis et la malchance du grand publiciste.

.

En voici une absolument curieuse, qui est la préface du dénouement cité plus haut.

Un soir d'été, vers les dernières années de l'empire, M. de X... remontait, au bras de son secrétaire, tous deux à pied, les Champs-Elysées. Arrivés au Rond-Point, ils rencontrèrent Lamartine. M. de X..., quitta le bras de son secrétaire et prit celui de l'illustre poëte. Ils causèrent de choses et d'autres ; tout en marchant, le groupe était arrivé place de l'Etoile.

— Venez dîner avec nous, dit-il au poëte.

— Non ! dit Lamartine, j'ai un rendez-vous.

— Bast ! vous irez après, dit M. de X...

Lamartine se laissa convaincre, et peu

de temps après, tous trois faisaient leur entrée dans le salon.

— Jean, dit M. de X... à son *factotum*, nous venons dîner.

— Monsieur a donc oublié, répondit Jean, que c'est aujourd'hui le jour de madame, elle a des invités.

— Cela ne fait rien, ajouta M. de X.., va lui dire qu'elle aura bien trois petites places pour deux journalistes et un poëte ; tu diras que c'est Lamartine.

Peu d'instants après, les trois hommes firent leur entrée dans la salle à manger. Madame de X... était seule de femme ; les convives se serrèrent et ils prirent place tous trois à côté les uns des autres.

Le repas s'acheva vivement. On sentait qu'une certaine contrainte régnait parmi les convives et que les trois derniers en étaient la cause.

Deux jours après, M. de X... fit appeler son secrétaire. Sans mot dire, il lui tendit une lettre qui contenait seulement quelques lignes disant ceci en substance :

Monsieur,

Je crois devoir vous exprimer mes regrets, je n'avais pas prévu que des journalistes qui n'étaient point invités viendraient s'asseoir au milieu de vous. Agréez, je vous prie, mes excuses, pour ce fâcheux contre-temps.

Le secrétaire rendit la lettre à M. de X...

— Qu'en pensez-vous? lui dit ce dernier.

Le secrétaire, embarassé, n'osait répondre.

— Mais répondez-donc, ajouta M. de X... dont la patience n'était pas la vertu dominante.

— Que voulez-vous donc que je vous réponde? Je ne comprends pas.

— Vous ne comprenez pas. Eh! bien, les convives de ma femme que nous avons si fort gênés avant-hier, et auprès desquels elle s'excuse, car chacun d'eux a reçu une semblable lettre, ces convives sont les chambellans de l'Empereur, des domestiques qui sont trop honorés d'avoir été un instant en compagnie d'un illustre poëte et d'un écrivain célèbre. Je veux me venger. Vous allez adresser vingt-cinq invitations aux personnages dont voici la liste, et ma femme, pour une fois, présidera un dîner d'hommes de lettres, comme un Souverain n'en pourrait réunir à sa table. Invitez-les pour samedi.

Parmi ces vingt-cinq convives dont quinze au moins sont morts, aujourd'hui, il y avait un proche parent de l'Empereur.

Le samedi, pas un invité ne manquait à l'appel. A sept heures juste, ils passaient dans la salle à manger et prenaient place autour d'une table dont le luxe et l'abondance étaient proverbiales.

Pour bien se rendre compte de la scène, voici comme les convives étaient assis.

Mme de X... au centre de la table, ayant à sa droite et à sa gauche, M. C... et le prince de M... ; M. de X... en face d'elle, ayant à sa droite et à sa gauche, Lamartine et M. P. de S. V...

Le premier service s'acheva sans encombre, mais au milieu d'un silence glacial, on devinait quelque chose dans l'air ; les domestiques placés derrière chaque convive partageaient le malaise général.

Tout à coup, au second service, à peine le champagne versé dans les coupes, M. de X... se leva et s'adressant au prince, lui dit ceci :

— Prince, que penseriez-vous de la femme d'un homme qui doit sa célébrité, sa gloire, sa fortune à son travail, célébrité, gloire et fortune qui, rejaillissant sur elle, lui ont ouvert les salons parisiens, et l'ont fait supérieure aux grandes dames qui n'ont pour elles que le hasard de la naissance, que penseriez-vous, dis-je, de cette femme qui, dinant avec des laquais, s'excuserait auprès d'eux de les avoir fait diner avec son mari et un des plus grands poëtes de ce siècle ?

Ces paroles, prononcées au milieu d'un

silence solennel, tombaient et résonnaient comme le marteau sur l'enclume.

Le prince fut un instant sans répondre; tous les convives étaient pour ainsi dire suspendus à ses lèvres.

— Je pense, répondit lentement le prince, qu'elle aurait manqué à tous ses devoirs vis-à-vis de l'homme à qui elle doit tout.

M. de X... se leva, puis dit à sa femme :

— Les chambellans de l'Empereur vous attendent, madame......

Madame de X... quitta la table et le diner s'acheva sans encombre.

V

Un truc ingénieux. — La police en émoi. — La caisse mystérieuse. — Une grande dame romanesque. — Le camion pour Cythère. — Le phonographe révélateur. — Mon mari engraisse comme un porc. — Une singulière coïncidence. — Lou-lou, embrasse-moi. — Le phonographe témoin en police correctionnelle. — L'adultère de bonne foi. — Une séparation à l'amiable. — Un double adultère. — Une femme pratique. — Le libre échange. — Dos à dos. — Un brigadier de gendarmerie galant. — Aventure d'un cocu mise en vers. — Le coffret mystérieux. — Un étrange assassinat. — Vengeance de femme. — Vingt ans après. — Un double crime.

Certains maris gardent ou font garder leurs femmes avec un soin jaloux. Il me souvient d'une aventure qui fit beaucoup de bruit en son temps.

En janvier 1880, un grand journal de Paris publiait, en première page, un article à sensation, long de deux colonnes et demie, agrémenté de détails si horribles que les habitants de la localité n'osaient plus sortir passé huit heures du soir.

Un M. Duplessis avait loué une maison isolée, avenue Saint-Germain, à Colombes ; il l'habita plusieurs jours, puis disparut subitement. La gérante qui lui avait loué, inquiète, sans trop savoir pourquoi, pensa que son locataire pouvait être mort chez lui ; elle fit part de ses inquiétudes aux voisins qui lui conseillèrent de requérir un serrurier. Ce dernier ouvrit la porte, il vit une immense caisse, des bandes de papiers calfeutraient les fenêtres ; il se sauva en s'écriant : c'est effrayant !

Un cercueil capitonné en soie bleue et percé de trous, des clous de dix centimètres, deux vrilles, des chaines, des cordes, une scie à main, un marteau, huit colliers de chiens, une maison isolée, étaient les preuves certaines qu'un crime avait été commis dans cette maison.

La police s'émut et une descente eut lieu le lendemain. Les magistrats pénétrèrent seuls dans la maison ; la visite dura trois heures, au bout desquelles on les vit ressortir portant les pièces à conviction réunies en un paquet, duquel sortait la fameuse scie.

Les commentaires allèrent leur train. Une instruction fut commencée, lorsqu'enfin on eut l'explication du mystère.

M. Duplessis était un nom d'emprunt qu'avait pris M. le comte de R..., un habitué du Jockey-Club ; il était amoureux fou de la belle marquise de J... T..., dont tout Paris connait l'imagination romanesque. Vers le commencement de janvier, il l'avait pressée de lui accorder un rendez-vous.

— J'y consens, avait-elle répondu, si vous parvenez à me faire sortir de chez moi, sans que mes domestiques ni mon mari ne me voient.

Il accepta.

Il alla louer une maison isolée de l'avenue Saint-Germain, puis le lendemain, il envoya chez la marquise la caisse capitonnée, elle s'y coucha, et, tranquillement, il la fit transporter chez lui.

La caisse était capitonnée, pour que les cahots ne lui fissent pas de mal, les clous de dix centimètres avaient servi à assujettir le couvercle, les vrilles avaient servi à percer des trous dans la caisse afin qu'elle puisse respirer, les cordes avaient été employées pour fixer la caisse sur le camion, le marteau avait été nécessaire pour déclouer la caisse, la scie avait été apportée en cas d'insuffisance du marteau, et, en raison de la situation isolée de la maison, les colliers de chiens avaient servi, ainsi que les chaînes, pour attacher des chiens de garde!

Le mari n'eut jamais connaissance de cette aventure.

* * *

Jamais Edison, en inventant le phonographe, n'aurait songé à une application toute spéciale et particulièrement originale de sa merveilleuse découverte [1] : le

---

(1) Ce volume était à la composition, lorsque furent représentées au Théâtre des Nouveautés, *Nos jolies Fraudeuses* de M. A. Bisson ; il ignorait mon livre, comme moi j'ignorais sa pièce ; nous nous sommes rencontrés au sujet de cette anecdote, je m'en félicite tout en regrettant qu'il m'ait devancé avec infiniment d'esprit.

phonographe, comme délateur de l'adultère !

Un mari qui avait des doutes sur sa légitime, sans avoir jamais pu la pincer en flagrant délit, malgré la surveillance active dont il l'entourait, imagina d'acheter un phonographe, et de le placer dans un coin dissimulé de la chambre à coucher.

Un soir, son plus intime *ami* arriva ; la femme l'attendait dans un déshabillé des plus séduisants. Après les embrassades usitées en pareil cas, il y eut un entr'acte, consacré à la causerie :

— Que tu es gentil, mon chéri, d'être venu, je t'attendais, figure-toi que ce matin mon imbécile de mari a voulu me rappeler qu'il était un homme...

— Alors ?

— Comme je savais que tu allais venir, je lui ai refusé ; il s'est levé furieux. Imagine-toi que ce crétin-là, qui engraisse comme un porc, veux me re-aimer.

— Tu es un trésor, mon petit lou-lou bleu, allons, embrasse-moi.

Ce n'était pas de l'amour, c'était de la

rage, et le phonographe, consciencieux, fonctionnait silencieusement.

Quand le mari rentra, son premier soin fut d'interroger l'appareil. Hélas! il faillit tomber à la renverse, quand il entendit la conversation échangée entre sa femme et son amant.

Il administra à sa chère moitié une de ces volées qui font époque dans la vie d'une femme.

Une hypothèse :

Si le mari avait voulu poursuivre sa femme comme adultère, les juges auraient-ils admis le témoignage du phonographe?

On voit d'ici quelle audience curieuse, la femme ignorant qu'elle avait eu un témoin de ses amours aussi fidèle qu'impartial, interrogée par le président, niant énergiquement, lorsque tout à coup le mari, apparaissant dans le prétoire, ouvrirait l'appareil révélateur pour la confondre!

Peut-être, assisterons-nous un jour à ce spectacle?

*
* *

On voit rarement devant les Tribunaux correctionnels un double adultère, parce que généralement les conjoints qui se séparent à l'amiable s'oublient mutuellement et se créent une nouvelle existence que pas un d'eux ne songe à troubler.

Une erreur beaucoup plus répandue qu'on ne le suppose, est celle qui consiste à croire valable une séparation amiable.

C'est l'adultère de bonne foi.

Ce fait se produit souvent :

— Nous ne pouvons plus vivre ensemble, fais-moi « un papier » et partageons les meubles, dit la femme à son mari, ou le mari à sa femme.

Ils acceptent, et sans notaire, sur papier timbré, ils échangent l'engagement suivant :

J'autorise ma femme à me quitter, elle peut aller où bon lui semblera, je m'engage à ne point l'inquiéter.

Fait double à Paris,
Le 17 mai 1890.
EUGÈNE BRASSEL.

Puis un beau jour, par lassitude, la femme quitte son amant, ou le mari sa maitresse, et, quand ils veulent se recoller, il y en a un ou une qui est occupée, alors reproches, oubli de l'engagement, l'adultère est constaté, et en avant la correctionnelle.

— Accusée, vous avez été trouvée couchée avec votre complice, vous ne pouvez le nier.

— Oh! mon président, c'est en tout bien tout honneur.

— Et vous, prévenu?

— Moi, je croyais qu'il n'y avait pas de danger, madame m'avait montré « son papier » comme quoi elle était libre,

— Vous saviez que ce « papier » n'était pas valable aux yeux de la loi?

— Ma foi non.

Quand des cas semblables se présentent, le Tribunal est généralement indulgent, une simple amende frappe les prévenus, quelquefois il les acquitte.

Il arrive pourtant parfois que les deux faux ménages sont poursuivis.

M. et Mme X., après deux mois de mariage, ne pouvant plus se « sentir », se séparèrent à l'amiable. Chose rare, X... avait conservé une grande amitié pour sa femme; il hérita de cent mille francs, il lui en donna généreusement la moitié. Madame X... n'avait pas chômé longtemps, elle s'était aussitôt mise en ménage avec un M. S... Elle profita de l'aubaine qui lui tombait du ciel pour monter un magasin de lingerie; de son côté, X..., par réciprocité, touchante, avait pris madame S... Ils vivaient tranquilles, absolument comme si le maire y avait passé, lorsqu'un beau jour, madame X... pensa que son contrat de mariage lui donnait en cas de liquidation des avantages très sérieux.

Comment faire?

Elle alla trouver un de ces hommes d'affaires véreux qui, pour cent sous, vous conseillent toutes les canailleries possibles et même impossibles.

Il lui conseilla de demander le divorce.

— Je ne sais pas par quel moyen, lui dit-elle.

— Faites constater l'adultère de votre mari.

M. X... vivait avec madame S..., dans un village voisin de Paris. Sa femme partit un soir de Paris, à minuit, escortée de son amant et de deux témoins; à l'un, elle avait promis vingt francs, à l'autre, vingt-cinq francs.

Ils se rendirent à la gendarmerie (il n'y a pas de commissaire de police dans ce village); elle expliqua au brigadier qu'une bande de malfaiteurs était occupée à piller une villa.

Le brigadier et ses quatre gendarmes partirent en toute hâte.

La troupe arriva à la porte de la villa occupée par M. X... Le brigadier sonna violemment, personne ne répondit: les chiens seuls aboyèrent avec fureur.

Le brigadier sonna de nouveau, puis,

cria d'une voix de stentor: — Au nom de la loi, ouvrez!

La porte resta close, mais la fenêtre s'ouvrit, M. X... apparut en chemise, coiffé d'un bonnet de coton, à peine éveillé. Il s'écria :

— Que me veut-on ? Je suis chez moi !

La femme avait pris pour arme défensive le pot de nuit, elle en versa le contenu qui arrosa le brigadier.

A ce qu'il paraît que le vase ne contenait pas que du liquide, car le brigadier furieux beugla :

— Nom de dieu, j'en prends plus avec mon nez qu'avec une pelle !

De plus en plus en colère, il s'adressa à la femme :

— Mais il n'y a pas de voleurs ici, c'est votre mari que vous vouliez faire pincer.

Elle reconnut volontiers que le brigadier perspicace avait touché juste.

— Alors, je ne m'en mêle plus, dit le brave gendarme.

Mais madame X... obstinée, insista, suivie de ses deux témoins et de son amant, l'autre mari ; elle réussit à entrer, elle pénétra même dans la chambre à coucher, elle trouva sa rivale, qui s'était tranquillement remise au chaud dans son lit.

Elle déposa une plainte en adultère.

A l'audience elle se présenta escortée de son amant et de ses deux témoins, mais le tribunal refusa d'accepter leur déposition, parce qu'ils avaient été payés pour la faire.

— Comment, payés ? s'écria l'un d'eux, je n'ai pas reçu les vingt francs promis.

Le tribunal les renvoya..... dos à dos.

Dans le même village, ce fut le brigadier de gendarmerie qui cocufia un naturel de l'endroit dans des circonstances curieuses.

Comme ce cocu était un personnage remuant et encombrant, ayant des prétentions à faire partie du monde artistique, on répandit à profusion une petite plaquette qui portait pour titre *le Rémouleur de XXX.* Une splendide botte de gendarme ornait la couverture.

C'était pendant l'horreur d'une profonde nuit.
Par un pressentiment fatal qui le poursuit,
Un certain remouleur retournait au plus vite
Vers sa tendre moitié qu'il a laissée au gite.
Avec prudence, usant de son passe-partout,
Sans tambour ni trompette, il entre à pas de loup ;
Pas le plus léger bruit n'arrive à son oreille,
Mais hélas ! une odeur à nulle autre pareille
Frappe son odorat ; il s'arrête soudain,
Puis guidé par son flair, il avance la main,
Il palpe, il reconnait, il saisit par la tige,
L'objet d'où le gendarme emprunte son prestige :
Une botte en un mot, dont il sonde le creux.
Ne trouvant que le vide, il devient furieux,
Il rugit, il blasphème, il a soif de vengeance ;
Et pour la mesurer au degré de l'offense,
Sans danger pour sa peau dont il est soucieux,
Il se creuse l'esprit et ne voit rien de mieux
Qu'en un même paquet d'enfermer les culottes,
Le sabre, le chapeau, la tunique et les bottes
Et de cacher le tout en attendant le jour.
Dans sa barbe, il sourit déjà d'un si bon tour ;
Il croit voir son rival s'enfuyant en chemise,
Exposé dans sa course aux rigueurs de la bise,
Aux regards de la foule, à ses propos railleurs.
Il veut, de son côté, mettre ainsi les rieurs ;
Mais il a, comme on dit, trop compté sans son hôte ;
Les rôles sont changés, tout à coup, par sa faute :
Sa pipe, seul trésor qui ne le quitte pas,
De ses lèvres s'échappe et se brise en éclats.
Il reste confondu de cette maladresse.
A ce bruit, le galant se réveille et se dresse,
Prend son sabre, et brandit le glaive de la loi.
Tout tremblant de frayeur, le mari se tient coi,
Mais la peur ne saurait l'emporter sur la rage :
Entre les deux rivaux une lutte s'engage,

L'un voudrait s'emparer de ses habits, et fuir,
L'autre, de son côté, cherche à le retenir.
Dans ces tiraillements, l'impuissant uniforme.
Est souillé, lacéré, quelque chose d'informe.
A bout de souffle, enfin, suant sang et eau,
Le rémouleur s'affaisse écrasant le chapeau :
— « Va, dit-il au galant, ma vengeance a des bornes ;
Ton chapeau me suffit, j'en garderai les cornes. »

Cette affaire se dénoua en correctionnelle et fit grand tapage.

*
* *

Il y a sept ans on trouvait sur la place Pigalle, devant le numéro 11, un homme assassiné, frappé de plusieurs coups de couteau.

Les mobiles de cet assassinat étaient des plus extraordinaires.

Vingt ans auparavant la femme de chambre d'une grande dame du faubourg Saint-

Germain envoyait un groom chercher un ouvrier fumiste, pour réparer une cheminée qui fumait. L'ouvrier ne se rendant pas bien compte où était la fissure descella la plaque de la cheminée, plaque qui en formait le fond. Il découvrit un coffret. Ce coffret n'était pas fermé. Comme il était seul, par curiosité, il l'ouvrit : il contenait un paquet de lettres, et deux portraits. Pendant qu'il était occupé à les regarder, la femme de chambre survint.

— Tiens, qu'est-ce que vous faites-là ? lui dit-elle.

— Je viens de trouver ce coffret, et comme il n'était pas fermé, lui répondit l'ouvrier, j'examinais ma trouvaille.

— Donnez-le-moi, je vais le porter à madame.

— Non ! je veux le lui remettre moi-même.

— C'est bien, fit la femme de chambre.

Sans ajouter un mot, elle sortit.

Elle revint quelques minutes plus tard.

— Vous allez, dit-elle à l'ouvrier, monter

sur le toit, le concierge vient de me dire que la cheminée fumait parce que le tuyau a été déplacé par un coup de vent; je vais, pendant ce temps, garder le coffret. Quand vous descendrez, nous le remettrons ensemble à madame.

L'ouvrier, sans défiance, gravit les six étages.

Pour pénétrer sur les toits, il fallait qu'il passât par une fenêtre à tabatière. Toutes les chambres fermées étaient veuves de leurs locataires; une seule était occupée. La clé était sur la porte, il frappa et entra; un homme était assis, en train de lire un ouvrage très curieux : *Paris-Galant*. L'ouvrier lui demanda la permission de passer par la fenêtre pour accomplir son travail. Faites, mon ami, lui dit l'homme et prenez garde de tomber. Il monta sur une chaise, à peine sur le rebord du toit, il chancela et tomba dans la cour : il fut tué sur le coup.

L'homme était l'amant de la femme de chambre; cette dernière, pendant les quelques instants qu'elle s'était absentée, avait été le prévenir, il avait simplement poussé le malheureux.

Cette mort fut attribuée à un accident, un fait divers ordinaire; c'était une victime du travail de plus, voilà tout.

La femme de chambre lut les lettres qui étaient des plus compromettantes pour sa patronne; avant de les lui remettre, elle exigea une grosse somme.

Elle quitta le service et acheta un hôtel meublé passage de l'Elysée des Beaux-Arts.

L'ouvrier avait une femme et un fils. L'enfant grandit. Un jour, sa mère lui raconta comment son père était mort. Guidé par un pressentiment inexplicable, il se mit dans la tête d'aller voir la dame du faubourg Saint-Germain. Celle-ci lui raconta ce qu'elle savait, que l'ouvrier était tombé du toit, en glissant sans doute. Il demanda la permission de monter visiter la chambre; là, il acquit la certitude que son père, qui était un habile ouvrier, sobre à l'excès, n'avait pu tomber seul, qu'il avait dû être la victime d'un crime. Toujours par intuition, il questionna à nouveau la maitresse de la maison qui lui répondit qu'elle était absente au moment où ce malheur était arrivé : Ah ! à propos, lui dit-elle, ma femme de chambre qui était là pourrait vous renseigner.

Elle lui donna son adresse.

Il alla louer une chambre dans l'hôtel meublée du passage de l'Elysée des Beaux-Arts et, une fois installé, il essaya de lier conversation avec l'ancienne femme de chambre. Soit qu'il fût imprudent ou indiscret, il éveilla ses soupçons.

Il avait donné son véritable nom, la maitresse de l'hôtel chercha dans ses souvenirs et comme les journaux de l'époque avaient publié le nom de l'ouvrier, elle se promit d'ouvrir l'œil. A la première visite qu'il fit, elle lui dit à brûle-pourpoint :

— Tiens, vous portez le même nom que l'ouvrier fumiste qui s'est tué il y a vingt ans en tombant d'un toit dans un hôtel du faubourg Saint-Germain.

Le jeune homme troublé lui répondit :
— C'était mon père !

Le lendemain, tout comme je l'ai dit plus haut, on le trouvait assassiné place Pigalle.

On comprendra que j'omette les noms des acteurs de ce drame ; les personnages vivent encore, à l'exception naturellement du père et du fils.

VI

Les causes grasses. — Un procès de sept ans. — Un pacha à trois queues. — La femme à barbe. — Ah ! Zénobie. — Madame Voltaire. — L'amoureux des bonnes. — L'avocat général Chevrier. — Un admirable discours. — 711,000 francs de frais. — Où est le chêne de Saint-Louis ? — Le marquis de Caux et Mme Adelina Patti. — Un mari roublard. — La dot sans la femme. — Le Prince Citron. — Père et fille. — Une lecture édifiante. — Les livres qui ne se lisent que d'une main — Un carnet compromettant. — Fais voir..... tes dentelles. — L'aventure du café d'Orsay. — Anna de Beaupré. — Une lutte princière. — Jeune et vieux. — Parfait amour. — Alfred. — Un singulier cas de folie. — Le coffret fatal.— Une femme persévérante. — Les anges m'appellent. — A ta santé, Baptiste. — Si madame veut trinquer ? — L'amant de sa femme. — Un mari crampon. — Une curieuse lettre. — Dieu a donné à l'homme le chameau pour traverser le désert.

L'on ne s'imagine pas combien les procès en séparation de corps étaient curieux et instructifs avant la loi sur le divorce.

Les conjoints, par l'organe de leurs avocats, s'ingéniaient à prouver aux juges qu'ils étaient mutuellement des canailles, des misérables, ayant tous les vices, toutes les passions de la terre; c'était, sans bouger de Paris, un voyage de Cythère à Sodome, de Lesbos à Gomorrhe.

Ces « causes grasses », qui illustrèrent plusieurs avocats : Lenté, Léon Duval, Bétolaud, Oscar Falateuf, Cléry, etc., faisaient la joie des amateurs de scandales à bon marché.

Certains jours, les audiences du tribunal ressemblaient plus à la salle du Palais-Royal qu'à une enceinte où se rendait la justice.

L'acharnement des parties pour obtenir la séparation à leur profit, surtout si une fortune était en jeu, devenait des plus féroces.

Suivant l'expression de M⁰ Allou : *la dot sans la femme !*

Le procès le plus célèbre de ce genre, unique dans les annales judiciaires, fut celui du Prince et de la princesse de B...

Le procès dura *sept ans*, il fut plaidé neuf fois au tribunal et devant la cour d'appel et deux fois devant la cour de cassation.

Voici les griefs invoqués par la princesse :

Pendant la première année du mariage, les époux étant à M..., le prince s'affichait publiquement avec des femmes de mauvaise vie, connues pour telles. Non content de la vie qu'il menait avec des filles publiques, il se fit livrer une enfant mineure et non nubile dont il abusa. Une plainte allait être portée, Mme de B... parvint à l'étouffer à force d'argent.

Au camp de C..., en 1865, le prince installait chez lui, faisait promener dans sa voiture, à ses côtés, des femmes de mauvaise vie, prises souvent dans les lieux du plus bas étage.

M. de B..., dans les divers séjours qu'il faisait à Paris, entretenait tour à tour une concubine en chambre, rue Tronchet, une autre rue Feydeau, à la porte de laquelle il laissait stationner la voiture armoriée de la maison de C...

Il allait également avec assiduité boulevard de la Madeleine n°..., rendre visite à une femme M... Là, il s'installait comme chez lui. Un matin, on sonna, il alla ouvrir lui-même et demanda ce qu'on voulait.

A J.., il faisait constamment venir chez lui des femmes, au su et au vu de la ville entière.

En 1868, 1869, à A.., il se livrait aux plus honteuses débauches; vis-à-vis même de filles mineures ; il a notamment abusé d'une enfant âgée de quatorze ans nommée J.. L.... (1), dans un hôtel qu'il habitait et où il avait loué un appartement pour lui

---

(1) Il y eut au sujet de cette fille nommée Joséphine Labensère, en Juillet 1873, de curieux débats devant le Tribunal d'Auch et devant la Cour d'Appel d'Agen ; son père avait mis en cause le commissaire de police de la ville et le maire ; la discussion roula sur la loi du 16-24 août 1790, réglementant la prostitution.

et sa femme. Il la ramenait lui-même le soir et la faisait repartir le matin par une porte donnant sur une ruelle. Il l'a gardée chez lui pendant quatorze jours après avoir éloigné un domestique dont il était jaloux.

Il parlait de sa femme à toutes les filles publiques qu'il fréquentait, leur disant qu'elle avait des amants, mais qu'il s'en moquait.

Pendant son séjour à A.., le prince de B... faisait des expéditions en bourgeois le soir, le long des rives du G.., dans les bouges écartés de la Patte d'Oie ; il avait des habitudes ignobles avec une femme appelée la *femme à barbe*, dont les noms sont Zénobie Denise et qui demeurait alors à la maison Blanche, sur la route d'A..., avec une autre femme appelée la Bertin.

A N..., en 1869 et 1870, le prince avait les relations les plus honteuses, il cherchait lui-même et se faisait livrer des filles non encore inscrites, et débaucha notamment une nommée M...P... ; il l'avait attirée chez lui et abusa d'elle à son propre domicile.

A P..., en 1871, il a entretenu un commerce scandaleux avec la jeune C...T...qui, en s'échappant de ses mains, est tombée dans la prostitution.

Une femme de mauvaise vie logea ostensiblement avec lui ; elle recevait chez lui en toilette du matin les visites, même celles de service.

Il détourna de ses devoirs une petite blanchisseuse âgée de dix-sept ans.

Un jour, il fut surpris avec une enfant de quinze ans près de la fontaine dite la Marnière.

Il allait constamment de jour et de nuit à la villa Montilleul, chez une femme qui s'appelait Madame V..., laquelle alla ensuite se loger à la villa Tibal. Il voyait aussi là deux autres femmes, dont l'une se faisait appeler Madame Voltaire! Il faisait demander ses rendez-vous directement par son ordonnance.

Une femme qui demeurait habituellement chez lui se faisait appeler madame la princesse.

Depuis son retour à Paris, M. de B... reçoit et a toujours reçu des femmes à son domicile.

Dans l'hôtel qu'il habitait à Paris, le prince recherchait pour maîtresses les bonnes de l'hôtel.

J'espère que voilà une énumération de griefs qui n'est pas dans un sac.

La cour commit un juge pour faire une enquête.

Quand ce procès revint définitivement devant la 2ᵉ chambre de la Cour, M. l'avocat général Chevrier donna ses conclusions :

On vous a présenté le prince de B..., a dit M. Chevrier, comme un mari brutal, un père sans tendresse, un soldat souillé de débauches; on vous a peint la princesse comme une femme astucieuse et vindicative. Les amis du prince ont accusé les témoins de la princesse d'être des témoins vendus, et les partisans de la princesse ont fait autour d'elle une légende de souffrance et de douleur. Recueillons-nous et cherchons la vérité. Interrogeons l'enquête et la contre-enquête. L'avocat de M. de

B... dit que tous les témoins de l'enquête ont menti, qu'ils ont été payés. Cela n'est pas exact. Beaucoup sont honorables et à l'abri de tout soupçon. Et d'ailleurs, l'immoralité d'un témoin n'exclut pas sa véracité. Selon moi, la situation du prince est moins simple et plus périlleuse qu'il ne le pense.

Un seul grief suffirait au besoin à expliquer l'amertume que l'on remarque dans les lettres de la princesse. On se souvient des termes mêmes qu'elle employait : « Nous ne sommes pas faits l'un pour l'autre... »; ce à quoi le prince répondait du fond du Mexique : « Amusez-vous comme il vous plaira, mais ne me rendez pas ridicule. » C'était la plus méprisante et la plus dédaigneuse indifférence.

Dans les faits reprochés à M. de B..., il n'y a pas seulement des fautes qu'un homme peut avoir commises sans perdre l'honneur, du moins au yeux du monde, souvent trop indulgent, il y des faits bien plus graves. Ce sont ceux qui ce sont passés à Niort, Auch et Pau. Il ne s'agit plus ici de légèreté de mœurs, de la corruption élégante d'un officier; ce n'est plus le simple oubli des devoirs du mariage, ce n'est plus le plaisir, c'est la débauche honteuse, infâme, allant jusqu'aux confins du crime.

Que ne puis-je flétrir comme elle le mérite la conduite du prince de B..., à Auch! Le fait relatif à Marie Proust serait seul qu'il constituerait une cause suffisante de séparation de corps; mais puisque le prince prétend qu'il a été diffamé, poursuivons ! J'écarte la déposition de la fille Labenère dans l'enquête; mais avant l'enquête, cette fille avait déjà dit qu'elle avait été la maîtresse du colonel de B..., et si elle avait été introduite vraiment chez l'officier supérieur pour le plaisir de ses ordonnances, à en juger par les habitudes de M. de B..., on en arrive à cette conclusion : c'est que cet officier supérieur partageait ses maitresses avec ses domestiques.

. . . .
. . . .

Mais je m'arrête, le prince doit savoir que, quel que soit notre arrêt, son mariage est irrévocablement brisé. Il a beau protester de son innocence, se plaindre des atroces calomnies dirigées contre lui par l'enquête; pourquoi, pour quelle cause mystérieuse n'a-t-il pas voulu demander la séparation? Il insinue, il est vrai, qu'il pourrait la demander; que ne le fait-il, lui qui prétend que la princesse ne peut faire la preuve des faits articulés?... Prince de B..., ne sentez-vous pas qu'après cette insinuation, la princesse peut vous jeter à la tête que vous êtes un calomniateur?

Excusez-moi, Messieurs, j'avais promis à la Cour de ne pas me départir dans ce débat du calme et de la modération, mais je n'ai pu maitriser l'indignation que j'ai senti bondir en moi.

La séparation fut prononcée au profit de la princesse.

La fortune qu'il s'agissait de défendre était évaluée de 12 à 15 millions.

Voici ce que coûta ce procès formidable. Avec le papier timbré qui fut dépensé, il y aurait de quoi tapisser le palais de l'Industrie :

1° pour la séparation amiable pour les quatre premiers procès de France et le procès de Belgique, c'est-à-dire pour la période 1867 à 1875 . . . . 261 000 fr.

2° pour le cinquième procès plaidé à Paris, à Blois, à Orléans et en Belgique . . 232 000

3° pour le sixième et dernier procès qui fut plaidé à Blois et à Orléans et les deux juridictions de cour de cassation. 38 000

4° les cinquième et sixième procès comprenant la période écoulée de 1875 à 1879 . . 531 000

A reporter. . 531 000 fr.

Report. . 531 000 fr.

5° faux frais, brochures, démarches, voyages, etc. . 60 000

6° pour les deux procès en Belgique 120 000

711 000 fr.

Décidément, la justice, c'est pour rien ; nous sommes loin du fameux chêne de Saint-Louis.

⁕

Le marquis de Caux, qui avait épousé madame Adelina Patti, fut plus heureux que le prince de ⁎..; il introduisit contre sa femme une demande en séparation de corps, donnant entre autres griefs...... « qu'accusée par la notoriété publique d'entretenir des relations coupables avec un artiste lyrique (le ténor Nicolini), le premier soin de sa dignité personnelle aussi bien que le respect de son nom lui faisait un devoir de protester par une tenue irréprochable contre d'aussi graves imputations; que loin de là, elle n'a fait que donner créance elle-même par son attitude et son affectation à paraitre en public, en voyage, à habiter les mêmes hôtels et les mêmes maisons, à vivre en un mot dans une intimité apparente avec celui que la presse de tous les pays désignait comme son amant. »

Le tribunal lui donna gain de cause, et comme les deux époux étaient mariés sous le régime de la communauté, la fortune dut être partagée par moitié. C'était une jolie opération, car le marquis avait, sur les appointements de sa femme, économisé près de deux millions.

Il avait la dot sans la femme !

Un autre procès, qui fit beaucoup de bruit en son temps, à cause de la situation des parties et une étrange aventure qui fit le tour des salons parisiens, aventure à laquelle se trouva mêlée un prince authentique, le prince Citron, se déroula il y a quelques années devant la 4ᵉ chambre du tribunal ; à ce qu'il parait qu'il dut s'y dire des choses extraordinaires, car le président ordonna le huis clos.

Néanmoins, on apprit que la dame, rentrée chez elle, lisait dans son boudoir, en compagnie de son père, *l'Art d'aimer* d'Ovide, *Mademoiselle de Maupin* et plusieurs autres livres qui, suivant une expression heureuse, ne se lisent que d'une main.

Pendant ce temps-là, comme dit la chanson, le monsieur ne tournait pas la manivelle ; plus sérieux, il étudiait au Jardin des Plantes les mœurs du coucou, et suivait, au collège de France, les cours de M. Coste sur la pisciculture.

Malgré que le mari fût le dernier à le savoir, il eut des doutes ; des amis charitables achevèrent de les dissiper en les convertissant en certitude absolue.

Il résulta de cet état de choses deux demandes en séparation, l'une de la femme, l'autre du mari.

Madame se plaignait que son mari avait battu sa belle-mère, qu'il l'avait gravement injuriée en l'accusant d'inceste ; suivant elle, son mari était un monstre, elle, elle était blanche comme neige et pure comme l'enfant qui vient de naître. Le mari répondit : Ma femme avait avec son père l'attitude la plus inconvenante, elle était remarquée par tous les domestiques et amis de la maison. M. A..., son père, entrait constamment dans le cabinet de sa fille et dans sa chambre à coucher pendant qu'elle s'habillait. Il pénétra plusieurs fois dans la salle de bain, pendant que sa fille se baignait sans vêtements. Un domestique surprit un jour ma femme dans une position des plus inconvenantes, les jupons relevés, assise près de son père sur le même canapé, seule avec lui dans le salon ; lorsque le domestique entra, elle se recouvrit vivement et dissimula son embarras, en ayant l'air de montrer à son père les dentelles de ses jupons......

« A Menton, en 1874, elle avait eu des relations avec un sieur R..., ces relations s'étaient continuées à Paris.

« Un autre jour, elle était restée en conversation sous le portail de l'église Saint-Germain-l'Auxerrois, et dans l'église même, avec un monsieur qui l'attendait

« En mai 1874, un témoin, M. V..., par l'entrebaillement d'une porte, avait vu dans le salon sa femme et le sieur X..., dans une attitude qui ne pouvait laisser aucun doute sur la nature de leurs relations. »

Ces relations résultaient d'une mention de la main de sa femme, du 17 avril 1877, portée sur son carnet intime.

J'espère que voilà le comble de l'impudence et du cynisme; il fallait qu'elle eût éprouvé une rude satisfaction pour avoir voulu en avoir toujours le souvenir dans sa poche.

Pourquoi diable demandait-on à une femme surprise dans la même situation qu'elle, entrain de montrer... les dentelles de ses jupons à un *ami* de son mari :

— Pourquoi était-il si près de vous?

— Le pauvre homme a la vue si basse! répondit-elle.

Fit-elle la même réponse aux juges?

*
* *

Une histoire de cocu célèbre est celle

d'un tailleur bien connu ; elle est des plus romanesques et des plus étranges.

Un des plus grands joailliers, de Paris avait un fils, brillant garçon, artiste jusqu'au bout des ongles, admirable d'esprit et d'intelligence, nature ardente et violente à l'excès.

Il avait vingt-cinq ans, lorsqu'il fit la rencontre de madame D..., du théâtre des Variétés ; elle avait quitté le nom de son mari pour prendre celui plus charmant de Anna de Beaupré.

Anna de Beaupré, fille d'un simple garde républicain, avait été destinée par sa mère au théâtre ; elle avait dû débuter à la Comédie française dans les *Contes de la reine de Navarre*, mais un impresario lui fit de si belles propositions qu'elle partit avec sa mère pour Londres.

Un des plus grands personnages d'Angleterre, lord N..., la vit avant ses débuts et en devint amoureux.

Un autre, non moins grand personnage, le prince d'O..., en tomba également amoureux. Tous deux luttèrent de magnificence pour la posséder.

O.., plus jeune, et prince, obtint la préférence pour sa... jeunesse ; quand le lord donnait des chevaux, lui, donnait un hôtel ; quand le lord donnait des bijoux de peu de valeur, lui, donnait des boucles d'oreille de vingt-cinq mille francs.

A la mort de son père, le prince d'O.... quitta Londres ; lord X... présenta ses hommages et brigua la succession ; il fut agréé, mais à la condition qu'il lui laisserait toute sa liberté.

Elle en profita pour venir passer huit jours à Paris, pendant que le « vieux » lui faisait meubler un hôtel splendide à Londres.

Ce fut la veille de son retour à Londres qu'elle rencontra M. A. M.., le fils du grand joaillier.

Quelques jours plus tard, M. A. M... écrivait, sur sa nouvelle liaison, ceci à son frère :

.... Ce fut aux Variétés que j'eus le

bonheur de la rencontrer. Mon visage si doux, ma voix si tendre lui plurent et je devins son amant. Nous nous aimons sans réflexion. Le lord envoie chaque jour des lettres de désespoir que je brûle, Anna brûle celles de mes dernières maitresses comme revanche, et je me laisse bercer par le bonheur en possédant un chef-d'œuvre, une merveille, que je puis comparer à la Vénus de Médicis ; je ne fais aucun projet, je suis amoureux à me faire briser les os pour elle, et je suis capable de vivre tout à fait avec elle, si par malheur, père ou mère m'embêtaient. Mon affection est du reste bien placée, j'ai eu toutes les peines du monde à lui faire accepter une bague de trois louis, et ma modeste pension de sous-lieutenant me suffit..... Le matin, je rentre constamment à midi, et je ne bouge plus qu'après mon diner ; je cours immédiatement chez elle, nous lisons Musset et ne connaissons pas l'ennui. Je crois que ma félicité durera longtemps, j'ai du courage, tu me connais, et le jour où je serai malheureux je t'écrirai... Je voudrais bien t'avoir près de moi, te trouver une Anna, mais j'espère que tu sais bien te passer de moi..... Pardonne-moi si je ne t'envoie pas d'argent, je n'ai jamais le sou, il est vrai que je ne dois encore rien.

Et le mari ?

Heureux d'être débarrassé de la belle Anna, il avait tout tranquillement pris une autre femme, et sous le nom d'Alfred, il faisait, comme tailleur, une fortune colossale.

Malgré le désintéressement d'Anna si vanté par M. A... M.., il craignait que si elle apprenait sa grande situation elle ne vint, étant mariée sous le régime de la communauté, réclamer la moitié de la fortune acquise. Il prit les devants, forma une demande en séparation de corps, fit constater le flagrant délit d'adultère et obtint un jugement à son profit.

M. A... M..., enchanté de cette solution, prit avec lui la femme et l'installa dans son magnifique château.

A la suite d'un bain froid, il fut pris d'un accès de délire. Sa folie était des mieux caractérisée, il se promenait dans son atelier un mouchoir sur la tête et drapé dans des couvertures.

Sa mère mourut peu après. Aussitôt qu'il apprit cette fatale nouvelle, il devint tout à fait fou.

Un soir, il dinait avec son domestique, un fidèle de la maison. Comme il paraissait calme, le domestique, aussitôt le repas terminé, se retira. Resté seul, A... M... alla chercher le coffret dans lequel se trouvaient les lettres et le portrait de sa maitresse et les jeta dans le foyer, il les maintenait dans les flammes avec une énergie incroyable en s'écriant avec une âpre volupté :

— Brûle, brûle et purifie tout mon passé.

On l'arracha de la cheminée; il s'y précipita de nouveau; bref, quand on parvint à se rendre maître de lui, ses mains étaient consumées, à tel point, qu'il fallut lui faire l'amputation des dix doigts jusqu'à la phalange.

Anna était une rude femme. Quand le malheureux fut guéri, il la retrouva sans cesse sur son chemin. Elle essaya de corrompre la concierge ; n'y pouvant parvenir, elle monta la garde dans sa voiture, à sa porte ; enfin il sortit, elle l'enleva dans sa voiture.

Ils retournèrent au château et la vie commune recommença.

Sa folie tourna au mysticisme. Il organisa une chapelle, se purifiait chaque jour dans une piscine ; il se mettait à genoux sur les routes, il voyait les anges perchés dans les pommiers; les vendredis, il faisait enfouir la viande, afin que les domestiques n'en mangeassent pas.

Un jour, il fit atteler, il semblait qu'il se disposât à faire une promenade en voiture, lorsque, tout d'un coup, il monta à son belvédère, et, se croyant appelé par les anges, s'élança dans le vide : il se tua sur le coup.

Il avait laissé un testament en faveur d'Anna par lequel il lui léguait une fortune évaluée à plusieurs millions.

Où est la moralité de cette terrible aventure ?

C'est que l'adultère conduisit cette femme à la fortune, et que la loi ne put l'atteindre pour un suicide dont elle était certainement la cause.

Une fois M. A... M... parti, elle put donner un libre essor à ses passions, légendaires dans le pays.

Le duc de Richelieu trouvait tout naturel que l'on prit ses maitresses dans le ruisseau ; elle partageait cet avis et ne se faisait pas faute de le mettre en pratique pour ses amants.

Un jour, dans son parc, derrière une haie, elle s'accroupit pour satisfaire un petit besoin personnel. Se croyant seule, elle s'était mise à l'aise. De l'autre côté de la haie qui bordait la route, un jeune garde-chasse, prit du même besoin, s'offrait la même satisfaction; le bruit de l'eau qui tombait en cascade sur les feuilles lui fit lever la tête ; sans se déranger, elle cria au garde-chasse :

— A ta santé, Baptiste.

Baptiste, sans se presser et sans s'émouvoir, lui répondit :

— Si madame voulait trinquer ?

— Tout de même !

. . . .

Et le mari ?

Il regretta assurément d'avoir demandé la séparation, surtout que les juges avaient donné tort aux parents de M. A... M.., qui contestaient la validité du testament.

Mais s'il est avec le ciel des accommodements, il en est aussi avec la femme. Il fit donc à nouveau la cour à la sienne et, deux mois plus tard, il était l'amant de sa femme !

* *

Il est des maris qui ne lâchent pas leur femme facilement.

En voici un de ce calibre :

D..., agent de change, fut condamné il y a une vingtaine d'années, à cinq ans de prison pour s'être oublié « sur une forte somme ». Il subit sa peine à la maison centrale de Gaillon ; ses loisirs étaient peu variés ; abat-jour, chaussons de lisières ou boites d'allumettes sont choses pas du tout récréatives.

Pour charmer sa solitude, il songea à sa femme, il lui écrivit des lettres empreintes d'une ineffable tendresse, elle lui répondit sur le même ton, puis, peu à peu elles devinrent aigres-douces, puis enfin la correspondance cessa tout à coup.

D.., voulant à tout prix revoir sa femme, une fois qu'il eut quitté la prison, se mit en campagne pour la retrouver.

Il la rencontra, mais elle ne voulut rien savoir.

Alors, D... imagina de déposer une plainte au Procureur de la République pour accuser sa femme de lui avoir soustrait un titre ; ne pouvant la ramener par la douceur, il voulait user de l'intimidation.

Le Procureur de la République, suivant l'usage, fit mander madame D... à son cabinet. Après les explications, il ne fut pas donné suite à la plainte qui fut reconnue mal fondée.

Madame D... demanda alors au tribunal sa séparation ; son mari n'ayant pas constitué avoué, elle se présenta seule à l'audience ; les juges la déboutèrent de sa demande comme n'étant pas justifiée.

Quelques jours plus tard, D... écrivit à sa femme la lettre suivante :

28 juillet 18....

« Que faire, chère amie, par un dimanche comme celui-ci, par une chaleur de quarante degrés, quand, toute la semaine, on a passé son temps à cuire huit heures par jour comme un morceau de veau dans la casserole, si ce n'est que de fermer hermétiquement ses persiennes et de causer gentiment de ses souvenirs et de ses impressions présentes, avec la douce et tendre compagne que le seigneur vous a donnée...... pour vos péchés ou en récompense de vos vertus ?

« Je lisais dans le *Grelot*...... Lisez-vous ce petit journal ? Non ? eh bien, vous avez tort, il est plein d'enseignements plus drôles les uns que les autres.

« Je lisais donc qu'Alexandre Dumas, pour justifier son livre l'*Homme-Femme*, disait que Caïn était une canaille,..... qu'il avait tué son frère Abel, qu'ainsi aucune femme ne pouvait le voir en face, qu'alors il alla chercher une femme parmi les singes, et qu'il vécut maritalement avec une guenon, image frappante de la race féminine qu'il devait engendrer. Que pensez-vous de cette définition?

J'ai bien lu, je ne sais où, qu'un bonhomme prétendait que, la vie étant un désert, la divinité, lui avait donné le chameau pour le traverser; j'ai vu souvent qu'il s'y égarait, depuis qu'ayant épluché mon dictionnaire, sans bien comprendre, j'ai écouté aux portes et j'ai entendu des femmes comme il faut... très comme il faut... donner le nom de ce quadrupède à beaucoup de leurs amies qui, n'ayant pas plus de bosses par devant que par derrière, n'avaient aucune ressemblance avec lui. Il y a même... toujours des petites dames très-bien... qui poussent la finesse jusqu'à appliquer ce nom, devenu adjectif, à messieurs leurs maris.

« Une remarque que j'ai faite. En Orient, les chameaux portent les femmes. A Paris, ce sont les chameaux qui se font porter et supporter. Que d'honnêtes femmes en ont par dessus les bras... et même par dessus la tête, tout aussi bien que ces messieurs, qu'un trop long voyage fatigue quand l'animal devient rosse!

« L'autre jour, sur les boulevards — au fait, c'est au quartier Latin — deux cocottes faisaient leur *chien vert* en causant d'une petite dame qui avait soufflé l'amant de l'une d'elles.

Celle-ci disait:

— Tu ne l'as donc pas vue? Une grande blonde filasse, un nez d'aztèque. Cette femme-là doit avoir l'esprit en manche de veste, puisque sa tête présente des genoux de chaque côté... Ça m'a paru drôle. Ma chère, comme nous, elle se maquille, et quoiqu'elle ait le nez long, elle n'a pas celui de cacher ses côtés déplumés.

« Elle devait en avoir gros sur le cœur, car elle n'avait pas l'air tendre en débitant son chapelet, ou sa litanie expectorante.

« Qu'en penses-tu, Nini?

« Un reproche en passant. Depuis ta dernière lettre, je fais avec toi des frais de correspondance, ne m'as-tu pas dit :

— Ecris-moi, mon bon gros, ça m'amusera.

« D'abord tu ne réponds jamais à mes lettres, et je me suis laissé dire que quand elles t'arrivaient, tu t'écriais :

— Ce chameau-là ne me foutra donc pas la paix!

« Oh! Nini, vous avez eu bien tort d'aller autrefois laver les couches de votre nièce au lavoir ; vous en avez rapporté de bien vilaines expressions. Songez donc que, depuis, vous n'avez pas lavé celles de votre fils, et qu'aujourd'hui, vous fréquentez un monde, vous occupez une position qui ne vous permet plus cette triviale manière de parler.

« Si l'abbé M... vous entendait, lui qui compromettait sa santé (au point que ses supérieurs en ont été alarmés et l'ont envoyé à la campagne pour se refaire) à vous cathéchiser à cinq heures du matin et vous confesser dans la journée !

« Mais j'ai tort de gronder, vous êtes un ange, faites-vous toujours vos devoirs religieux ? Oui, je vous ai vue aller à la messe un matin. Sans doute, le soir vous êtes allée au sermon, et c'est là que vous avez appris à remplir vos devoirs de tendre épouse..... de tendre mère..... C'est là que vous avez appris cette bonté d'âme et cette charité qui font le plus bel ornement de votre caractère.

« Votre frère vient de tomber une seconde fois, laissant, dit-on, un déficit de 50.000 fr., et sa pauvre femme vient me demander un conseil ; je vous l'enverrai..... Vos excellents exemples sont bons à suivre, depuis qu'ayant cessé d'être une petite fille, vous êtes devenue un personnage.....Et dire qu'il y a des gens assez sots pour s'arrêter aux préjugés du mariage et de la famille !

« Comme le petit oiseau qui va chercher un grain pour apporter la becquée à sa famille, à ses petits, si votre mari tombe dans les filets de l'oiseleur, laissez-le, si sa cage se brise, faites-le empailler, ou déchirez-lui les ailes, afin qu'il soit repris, pour qu'il ne vienne pas vous reprocher ce que vous appelez votre bonheur, et qui n'était que votre honte et la sienne ! »

Cette pauvre femme, pour vivre, était employée dans un magasin. D..., quelques jours plus tard, écrivit une autre lettre au chef de la maison :

4 août 18..

« Monsieur,

« Comment appelleriez-vous un homme qui se ferait le souteneur d'une femme de mauvaise vie ?

« Quel est le plus méprisable de celui qui entretient le vice ou de celui qui en est la victime ?

« Est-ce bien avec les appointements que vous donnez à votre dame de magasin, qu'elle peut se procurer un appartement somptueux (au nom d'un tiers bien entendu) car on a un certain nombre de petites dettes plus ou moins criardes qu'on a la délicatesse de ne vouloir jamais payer ?

« Est-ce bien toujours avec ces mêmes appointements qu'on se procure les bas de soie, les corsets de satin noir brodés de soie rouge, les chemises ornées de dentelles et tout les accessoires d'un luxe que plus d'une honnête mère de famille et de femmes de négociants riches se refusent ?

« Moi, j'ai vu des femmes de millionnaires porter d'humbles bas de coton, et des dames très à leur aise porter des corsets de coutils ; il est vrai de dire qu'elles les payaient.

« Lorsqu'une femme affublée de la sorte va voir son enfant, chez des braves gens qui n'ont que 2,000 francs pour faire vivre toute une famille et auxquels on doit quatre années de mois de nourrice, leur prouverait-elle qu'il lui reste une lueur de raison et est-ce vraiment sur de semblables preuves d'intelligence que vous basez la considération que vous affichez ?

« Si vous aviez une sœur comme cette dame-là, il ne serait pas difficile de vous faire rougir, si comme elle vous aviez une mère, je suis certain que vous détourneriez la tête pour ne pas la voir lorsqu'elle passerait près de vous.

« Cependant, vous qui vous croyez en droit de jeter à la tête d'un homme que vous ne connaissez pas, la boue que vous avez prise aux mains d'une femme perdue, vous vous faites son complice. Vous l'aidez à commettre des actions dont un pauvre enfant sera un jour la victime.

« Je vous écris ceci, parce que c'est à moi-même que vous avez fait le portrait, vraiment pas flatté, de mes qualités physiques et morales, et tout homme de rien que je suis, *je ne voudrais pas mettre mes mains aux tripotages dégoûtants où vous mettez les vôtres.*

« Ne m'en veuillez pas, je suis passé ces jours-ci à Cambrai, juste à l'heure de midi.

« Votre protégée parviendra sans doute prochainement à réaliser son rêve de me faire fourrer à Charenton, n'ayant pas réussi à me faire renvoyer ailleurs. »

Après ces deux lettres, madame D... porta sa demande devant la Cour qui infirma le premier jugement et lui donna gain de cause.

VII

Deux invalides de l'amour. — Quarante-neuf ans de séparation. — Présence d'esprit. — C'est l'horloger. — Votre balancier est usé. — Le coup du placard. — Une toque humide. — Un moyen commode d'avoir des enfants. — Un imprudent. — Les louis révélateurs. — Dix francs pour une putain. — Une dure punition. — Une ottomane à tout faire. — Une femme bien ennuyée. — C'est le commissaire. — Des formes peu ordinaires. — Va chercher Gabrielle. — Une femme bien heureuse. — Un cocu sans le savoir — A l'Exposition.

Parmi les causes célèbres d'adultères, il en est une qui se déroula devant la 4⁰ Chambre, il y a quelques années; elle fit peu de bruit alors, en raison de la situation élevée des personnages; les débats furent pour ainsi dire étouffés.

La femme, madame de P..., qui demandait

sa séparation, était âgée de soixante-dix-neuf ans.

Le mari, M. de P.., en avait quatre-vingts; ils étaient séparés de fait depuis quarante-neuf ans!

Après ce laps de temps considérable, la bonne femme avait la mémoire longue, ou un rude revenez-y pour reprocher à son mari d'avoir vécu maritalement avec une danseuse de l'Opéra, en 1823 !

C'était son grief principal.

Voici l'histoire que raconta le mari :

— « Ma femme, d'une beauté remarquable, m'apporta une dot modeste. Belle, recherchée, dans le tourbillon du monde, oubliant qu'elle était mariée, elle tomba d'amants en amants, mais comme cela ne se passait pas sous mes yeux, j'étais censé l'ignorer.

« Un jour, le 5 juillet 1816, je rentrais inopinément chez moi. Pas de domestiques dans l'antichambre ; dans le salon, même solitude, obscurité complète; inquiet, j'allai jusqu'à la chambre à coucher de ma femme, et là, je vis un officier prussien en chemise :

c'était un officier de l'armée d'invasion.

« Aucun doute n'était possible.

« Terrifié, j'attendis en silence qu'il se r'habilla. Ce ne fut pas long. Je les fis descendre tous deux dans le jardin de l'hôtel, après avoir préalablement, en passant, pris dans mon cabinet de travail une paire d'épées.

« Sans autre témoin que ma femme, sans prononcer une parole, nous nous battîmes sans trêve ni merci ; le combat dura plus d'une heure, l'officier tomba comme une masse traversé de part en part par un coup droit. Il était mort.

« Je remontai chez moi, suivi par ma femme, et je lui signifiai que le soir même elle quitterait Paris, sans jamais chercher à se rapprocher de moi. Je lui fis signer l'aveu de sa faute et je donnai un motif quelconque pour expliquer mon duel avec mon adversaire.

« La vérité ne fut jamais connue. »

Inutile de dire que le mari obtint gain de cause, mais c'est égal, attendre quarante-neuf ans pour demander à la justice à se séparer, c'est raide. Comme le disait si bien l'avocat du mari : — C'est après un pareil laps de temps que ces vieux invalides du mariage viennent se livrer un dernier combat au lieu de songer en paix à l'éternelle séparation.

* * *

A côté du tragique, vivement du comique.

Pour pincer la femme soupçonnée, il y a un truc qui réussit toujours, c'est de simuler un départ ; alors la gaillarde, qui vous croit loin, se hâte de faire prévenir l'*ami* de cette heureuse chance ; celui-ci accourt, et la petite fête, dont le saint n'est pas dans le calendrier, commence aussitôt. Oui, mais le mari arrive. Sauve-qui-peut général, à moins que la femme n'ait la présence d'esprit d'une de ma connaissance.

Un jour, son mari lui dit qu'il partait pour le Hâvre. Elle l'accompagna au chemin de fer, elle ne le quitta que le train en marche; lui, la tête à la portière, lui envoyait les derniers saluts, elle lui répondait par des baisers. En route il pensa que sa femme était bien tendre! Il se souvint du dicton : trop poli pour être honnête, il s'appliqua la variante : trop tendre pour être fidèle. En conséquence, de déduction en déduction, il descendit à Maisons-Laffitte, y déjeuna tranquillement, puis, le soir venu, reprit le train et rentra chez lui.

Il sonna, pas de réponse ; il sonna plus fort, enfin la porte s'ouvrit.

— Ah! te voilà, mon ami, quelle chance, tu as avancé ton retour, cela me fait bien plaisir. As-tu diné ?

Elle l'embrassa chaleureusement.

D'un regard rapide, il parcourut le salon; rien de suspect. Il se dirigea vers la chambre à coucher; un homme était debout devant la cheminée, en train de démonter la pendule.

— Qui est ce monsieur ? dit le mari soupçonneux.

— C'est l'horloger.

L'homme se retourna gracieusement.

— Oui, monsieur, l'horloger; votre pendule a besoin d'une réparation, votre balancier est usé, je suis obligé de l'emporter pour la réparer à domicile.

La femme lui donna un morceau de serge, il y enveloppa la pendule, puis sortit paisiblement en saluant.

—Tu ne m'avais pas prévenu, dit le mari, que la pendule n'allait pas, et tu profites de mon absence pour la faire arranger?

— C'est que je l'ai oublié, cet horloger me la remonte régulièrement, je suis abonnée !

Cela passa comme une lettre à la poste.

*
* *

Le coup du voyage fut employé récemment. Un procès qui fit grand bruit dans le département de XXX en fut la conséquence ; il se termina en Cour d'assises.

Les acteurs de cette comédie épique étaient le mari, un riche propriétaire, la femme et l'*ami*, un ancien juge d'instruction.

Le mari simula un voyage, rentra clandestinement chez lui et se cacha dans un placard dont il laissa la porte entr'ouverte.

La femme et son *ami* dînaient dans la salle à manger ; de sa cachette, il voyait et entendait tout ce qui se passait et ce qui se disait.

Le pauvre homme en vit et en entendit de cruelles, à tel point qu'il se trouva mal dans son placard. Quand il revint à lui, il quitta son placard à pas de loups, et alla faire un tour en ville.

Vers dix heures du soir, il rentra ; ils étaient toujours à table.

Il reprit sa faction.

Tout-à-coup, il fut pris d'une terreur folle en entendant ceci :

— Mon ami, dit la femme à son amant, tu as ici, dans le placard, une valise qui renferme ta robe et ta toque, je ne t'ai jamais vu en costume, cela me ferait plaisir de voir l'air que tu as en magistrat ; veux-tu le revêtir ?

— Parfaitement, va le chercher.

La femme alla au placard, prit la valise et il endossa son costume.

Alors, ce fut des hélas ! à n'en plus finir.

— Oh! que tu es bien ainsi, quand je songe que tu peux avoir à interroger de jolies femmes, je suis jalouse ; embrasse-moi...

Alors, le pauvre mari assista à une petite scène qui lui prouva qu'un costume, même celui de juge, n'est pas embarrassant pour cocufier un mari... Enfin, le costume fut remis dans la valise et reporté dans le placard.

Un peu plus tard, entre deux soupirs entrecoupés de baisers, il vit sa femme se lever de table, puis, appuyée au bras de son *ami*, se diriger vers la chambre à coucher ; il entendit qu'elle fermait la porte à double tour.....

Le mari sortit de son placard à son tour, s'étendit sur le canapé et s'endormit paisiblement ; mais vers le matin, pris par le froid, il se leva sans bruit, alla dans sa cuisine, puis fit chauffer son café. Encore pas convaincu, malgré la séance de la nuit dans le salle à manger, il alla écouter à la porte de la chambre de madame. Ce qu'il entendit, je vous le laisse à deviner.

Il resta en faction devant cette porte, tenant à la main une arme. Quand, à six heures, l'amant sortit, il lui tira un coup de revolver derrière l'oreille droite.

A l'audience, pour se défendre, l'amant affirma que le mari savait de longue date qu'il avait des relations avec sa femme ; il en donna ceci pour preuve :

— Quand madame de X... accoucha de deux jumeaux, dit-il, son mari ne voulait pas les reconnaître après les avoir regardés un instant, il dit à plusieurs personnes : — « Si pour avoir des enfants, il suffit de poser sa culotte sur le lit, c'est comme ça que j'ai eu ces deux-là ! »

Cela semblait si extraordinaire qu'il ait eu la patience de rester caché dans son placard qu'on contestait le fait.

— Interrogez ma cousine qui est témoin, dit-il.

On l'interrogea.

Elle raconta qu'il était vrai que madame de X... lui avait confié la fantaisie qu'elle avait eue de prier son amant de revêtir son costume; que, le lendemain, elle demandait à son cousin s'il était vrai qu'il fût resté dans son placard, qu'il lui avait répondu :

— « La preuve que j'y suis resté, c'est qu'ayant le besoin de pisser, je l'ai satisfait dans la toque de mon rival. »

Et il me montra la toque encore tout imbibée !

C'était une petite vengeance.

Si ces détails n'étaient rigoureusement exacts, on aurait peine à croire qu'un homme, un mari, put avoir un calme aussi extraordinaire; le vrai n'est pas toujours vraisemblable !

Le mari fut acquitté.

*
* *

Je préfère de beaucoup le caractère du mari, héros de l'aventure suivante :

Grand industriel, riche à millions, il avait été élevé avec une jeune fille orpheline, que sa famille avait recueillie ; elle était sans un sou de fortune, mais elle était belle et avait reçu une éducation magnifique.

Il l'épousa.

Tout semblait sourire au jeune ménage : la fortune, la considération, rien ne leur faisait défaut. Un jour, le mari crut s'apercevoir que sa femme le trompait ; il la fit surveiller, sans rien découvrir. Pourtant, il remarqua qu'elle rôdait souvent autour de la caisse ; il pria son caissier de vérifier les comptes ; il y avait une forte erreur. Persuadé que son caissier, qui était depuis trente ans dans la maison, était un fort honnête homme, ne pouvait avoir commis un détournement, il ne le soupçonna même pas.

— Monsieur Claude, lui dit-il, vous allez marquer d'un signe imperceptible, sur la tranche, toutes les pièces de vingt francs que vous avez en caisse, et vous n'y toucherez pas ; vous changerez le mot fréquemment et vous laisserez toutes ces pièces dans votre tiroir-caisse, non fermé.

Cela fut fait.

Quelques jours plus tard, il manquait une somme assez rondelette.

Plus de doute, sa femme le volait, mais au

profit de qui? Puisqu'il payait toutes ses notes de couturières, de modistes, en un mot, de tous ses fournisseurs, là était le problème.

Un matin, son contre-maître se trouvait dans son bureau ; c'était un jour de grosse échéance. Le caissier paya le garçon de banque, mais il manquait un appoint de soixante francs ; le garçon de banque n'ayant pas la monnaie de mille francs, le contre-maitre dit tout-à-coup :

— Si monsieur veut le permettre, j'ai trois louis sur moi, je vais les donner.

— Donnez, dit le patron.

Il les prit, et devint subitement pâle comme un homme frappé au cœur. Il venait de reconnaître les signes dont il avait marqué ses pièces ; il n'en fit rien paraitre, congédia le garçon de banque et le contre-maitre.

Une demi-heure plus tard, il fit appeler ce dernier et le remercia sur-le-champ sans une explication.

Le soir, il se coucha comme d'habitude,

avec sa femme, sans faire aucune allusion à la scène muette qui s'était déroulée dans son bureau ; le matin, il s'habilla, puis au moment de sortir, il prit dix francs dans son porte-monnaie et les mit sur la table de nuit.

La femme ne comprit rien.

Le lendemain matin, même scène ; elle ne comprit pas davantage.

Enfin, ce manège se répéta pendant une quinzaine de jours. Alors, elle voulut avoir l'explication de cette étrange manière d'agir.

Il lui dit froidement :

— Madame, dix francs, c'est le prix que je donne habituellement à une putain de votre espèce.

Là, elle comprit que son mari savait tout.

Le soir, elle lui fit l'aveu de sa faute, pria, supplia, pleura, se jeta à ses genoux, pour implorer son pardon ; il fut inexorable. Le lendemain matin, nouvelle pièce de dix francs.

Au bout de trois mois, la malheureuse était folle !

*
* *

C'est très bien de faire cocue sa femme, mais un comble, c'est d'en faire autant à sa maîtresse.

Dans les bureaux d'un grand journal, situés rue du faubourg Montmartre, le cabinet du secrétaire de la rédaction était meublé d'un canapé antique, qu'on appelait autrefois une ottomane. Ce meuble était des plus commode, il s'ouvrait, le dessus formait couvercle, et l'intérieur pouvait servir à dissimuler une foule de chose.

Ce journaliste était l'amant d'une chanteuse du théâtre Italien, alors rue Ventadour ; elle aussi était mariée ; elle venait souvent le voir à son cabinet, et ces jours-là, l'ottomane discrète gémissait plus d'une fois. Un jour, elle était là depuis quelques minutes seulement, elle avait à peine eu le temps de retirer son chapeau ; le garçon de bureau accourut effaré, tremblant :

— Monsieur, Monsieur, voilà Madame!

Que faire? Le cabinet n'avait qu'une issue, il ne fallait pas songer à s'en servir; rapidement, il souleva le couvercle de l'ottomane et y coucha sa maîtresse, il rabaissa le couvercle et s'assit dessus. Il était temps, sa femme entrait!

Elle arrivait souriante; elle l'embrassa et, soit le temps, soit un désir subit, elle lui manifesta carrément la volonté de savoir si l'ottomane était moelleusement rembourrée. Il se défendit comme un beau diable....

— Mais on pourrait venir.

— Je vais retirer la clé.

— Tu n'y songes pas, nous sommes mariés, tu as le temps, ce soir, de me demander ce que tu voudras.

— Non! pas ce soir, tout de suite, ce sera plus drôle.

— Je ne veux pas.

Alors elle employa les grands moyens.

— Il y a à peine deux ans que nous sommes mariés, je reconnais bien à ta froideur que tu ne m'aimes plus; autrefois, tu te serais mis à genoux si je t'avais adressé pareille prière, etc., etc.

Bref, elle se mit à pleurer. Lui, qui songeait que l'autre était dans l'ottomane, qu'elle devait étouffer, qu'elle pouvait tousser, éternuer, ne pensait qu'à se débarrasser de sa femme au plus vite.

Il passa par où elle voulut.

Enfin, elle s'en alla.

Il la reconduisit jusqu'à la porte.

A ce moment, le garçon de bureau accourut de nouveau :

— Monsieur, Monsieur, dit-il d'une voix émue, le commissaire de police qui vient faire une perquisition.

Au même moment, le commissaire de police, ceint de son écharpe, escorté d'agents de la sûreté, fit son entrée.

— Je viens, dit-il, Monsieur, pour saisir les formes du journal, mais comme je suis essoufflé d'avoir monté votre escalier qui est mauvais, permettez que je me repose un instant.

Et il s'assit sur l'ottomane.

Au moins, celui-là, pensa le journaliste, ne va pas faire comme ma femme, ce serait un comble.

Le commissaire saisit la copie qui était dans un casier, et demanda où étaient les formes?

Une idée abracadabrante vint au journaliste :

— Vous êtes assis dessus, dit-il au commissaire de police.

Un des agents souleva le couvercle, et la pauvre chanteuse apparut : elle était rouge, verte, tricolore. Comme elle étouffait, elle avait dégraffé son corsage ; sa gorge, que rien ne retenait, apparaissait dans toute sa rondeur et sa blancheur, ses jupes relevées laissaient voir des jambes merveilleuses ; le commissaire de police lui tendit la main pour se relever, puis lui dit gracieusement :

— Je voudrais bien être le journal que ces formes-là imprimeraient.

Et dire que quelques minutes plus tôt il aurait pu constater cet original cas d'adultère !

*
* *

Cela est toutefois moins original que d'être adultère sans le savoir.

Un de nos amis avait pour maîtresse la fille d'une veuve, qui elle-même était la maitresse d'un invalide ayant perdu les deux bras à Solférino. C'était de l'amour par charité. La veuve tenait un hôtel meublé aux environs de la rue de l'Université ; elle avait une chambre à la disposition de l'amant de sa fille, Gabrielle. Comme l'amant venait peu souvent, et que d'ailleurs il l'avertissait toujours, dans les intervalles, elle louait la chambre à des étrangers.

Un jour, Maurice (c'était le nom de l'amant) dîna à l'exposition avec des amis ; ils dégustèrent tant de champagne, que, le soir venu, en belle humeur, ils allèrent voir la danse du ventre.

Ils refirent encore de nombreuses stations, si bien qu'à la fermeture, ils étaient abominablement pochards.

Comme il demeurait dans un quartier éloigné, et qu'il ne voulait pas rentrer chez sa femme, Maurice songea à Gabrielle; il alla tout droit à l'hôtel — tout droit est une façon de parler — enfin, tant bien que mal, il y arriva. Le garçon de service dormait, comme il ne tenait pas davantage à être vu par lui que par sa femme, il gagna rapidement sa chambre. La clé était sur la porte.

Il entendit un ronflement sonore, mais il pensa, les cloisons étant minces, qu'il provenait d'un voisin. Il passa sa main sous la couverture, il sentit des formes chaudes et moelleuses.

— Tiens, se dit-il, Gabrielle est couchée.

Il l'embrassa tendrement, elle soupira . . . .

Altéré, il redescendit éveiller le garçon et lui demanda une bouteille.

— Tu feras descendre Gabrielle qui est couchée, lui dit-il.

— Comment, Monsieur, Mademoiselle est couchée? dit le garçon en se frottant les yeux pour s'éveiller complètement ; Monsieur doit se tromper, Mademoiselle et Madame sont à la Porte Saint-Martin où l'on joue *Théodora*.

— Je suis bien sûr qu'elle est couchée, puisque je descends de la chambre et qu'elle m'a dit : Tu es bien aimable, mon chéri.

Une voiture s'arrêta à la porte.

— Justement, les voici, dit le garçon.

Elles firent leur entrée avant qu'il n'ait eu le temps de dire au garçon de se taire.

— Ah! Madame, dit le garçon, elle est bien bonne, celle-là, Monsieur Maurice qui m'affirmait que Mademoiselle était couchée; il me donne pour preuve qu'il l'a embrassée.

La mère entraina Maurice dans un coin, elle lui demanda l'explication du quiproquo, il lui raconta l'aventure.

— Mais, malheureux, lui dit-elle, j'ai loué votre chambre au maire de XXX, il est couché avec sa femme, une vieille d'au moins cinquante-cinq ans.

— Alors ?.....

— Mon Dieu, oui.....

Le lendemain matin, quand le magistrat municipal s'éveilla, il fut tout surpris de voir sa femme le regarder tendrement en clignant de l'œil. Elle lui dit amoureusement :

— Mon ami, nous viendrons, si tu veux, toutes les semaines à l'Exposition !

. . . .

Il y a aussi le cocu le jour de son mariage, avec le garçon d'honneur, mais celui-là est peu intéressant.

Il y a aussi le contraire comme en témoigne l'arrêt suivant prononcé à Bruxelles, par le tribunal, dans une action en divorce :

Attendu que, le jour des noces, les époux étaient à l'autel pour recevoir la bénédiction nuptiale, le mari grinçait des dents et grognait comme un homme en colère ; — Attendu que, pendant le repas de noces, le mari s'est emporté d'une manière brutale et blessante, vis-à-vis des invités ; — Et attendu que, pendant le dîner, le mari s'est levé pour aller au jardin, où il fût bientôt rejoint par une certaine dame ; qu'il y resta si longtemps, qu'un de ses amis fut engagé à aller le trouver pour le ramener à table ; que, cédant enfin aux instances qui lui étaient faites, le mari se résigna à partir en voiture, pour aller prendre le convoi ; — Que, pendant le trajet, vers la station, le mari, changeant brusquement de résolution, se fait conduire avec sa femme, chez la dame du jardin ; — Que la demanderesse, tout en pleurs, et en exprimant le désir de sortir, le mari, joignant l'ironie à l'insulte, se mit à chanter d'un ton moqueur : *Pour tant d'amour ne soyez pas ingrate;* nous pensons que la femme a agi sagement en se soustrayant par le divorce à l'avenir heureux que lui promettait son jour de noces.

VIII

Deux curieuses circulaires. — Renseignements confidentiels. — Trois cents cavernes. — Le coup de la carte postale. — Chacun son tour. — Un truqueur. — Le grand patron. — Une carotte gigantesque. — Vingt ans d'expérience. — Dos à dos pour un billet de mille. — Un procès célèbre. — L'agence Clerget. — Une vieille ci-devant. — Une correspondance édifiante. — Un ami de Marseille. — L'agent Morin. — Curieuses révélations sur l'affaire Clovis Hugues. — Une partie de cinq balles. — La cour d'assises. — Un fou plus malin que la police.

A époque périodique, on reçoit à domicile des circulaires du genre de celle-ci ; elles sont généralement portées sans passer par la poste; mises sous enveloppe fermée elles portent la mention *personnelle*, elles sont indifféremment adressées à monsieur ou à madame, suivant que l'agence renseignée par ses agents suppose que l'un ou l'autre pourra utiliser ses services ; Les concierges, moyennant finances, renseignent les agents :

RENSEIGNEMENTS INTIMES, PARTICULIERS
& COMMERCIAUX
Paris, Province, Étranger

M. M..., a l'honneur de vous faire connaitre sa spécialité, que vous saurez apprécier. — Il se charge *d'affaires intimes et particulières*, dans l'intérêt des familles, telles que renseignements sur mariages, sur dissipateurs ou incapables, recherches de débiteurs, de successions, etc., etc. — Il se charge également des *surveillances* quotidiennes qu'on désire lui confier, c'est-à-dire *surveiller*, pour affirmer, non seulement ce dont on doute, mais encore ce que l'on croit certain, et que cependant on ne peut vérifier soi-même, ce qui est indispensable pour les personnes en désaccord, où toujours l'*un* ou l'*autre* ont besoin de preuves suffisantes. — Les résultats obtenus, par M. M..., et que garantissent toujours ses démarches, mettent à même chaque partie d'agir suivant ses droits respectifs.

Célérité, Discrétion, Incognito observé

Monsieur

NOTA

M. M..., fait observer que ses affaires sont faites toujours sous sa surveillance immédiate, et quand on le désire, absolument par lui seul, donc sécurité complète et discrétion absolue pour les personnes ayant recours de son ministère.

Vingt années suivies d'une pratique de chaque jour.

L'intuition absolue de la chose, une DISCRÉTION constatée, m'ayant su faire apprécier par le commerce, la magistrature et les hautes classes.

Honoré de la confiance intime de beaucoup d'entre vous.

Veuillez bien me laisser croire, Monsieur, que vous accepterez mes offres de services.

Ma spécialité SURVEILLANCE PARTICULIÈRE, détaillée ci-dessus, vous mettra à même de juger de l'opportunité des services que je puis rendre à un moment donné.

Avec mes remerciements anticipés, veuillez, Monsieur, me permettre de vous offrir les saluts empressés d'un dévoué serviteur.

M...

Maison de 1er ordre et recommandée

S...

(ici l'adresse)

— 17ᵉ année —

Renseignements intimes

Particuliers et Commerciaux

Paris — Province — Étranger

Recherches

Dans l'intérêt des Familles et du Commerce

De Documents pour Mariages

Séparations de corps

Divorce, etc., etc.

Renseignements divers

Au moyen de

SURVEILLANCES QUOTIDIENNES

NOTA :

Monsieur S..., fait observer que ses affaires sont toujours faites sous sa surveillance immédiate, et quand on le désire, par LUI SEUL.

Toute affaire terminée, les documents sont rendus aux clients.

Son Ministère OFFRE DONC LES GARANTIES LES PLUS COMPLÈTES.

Toute lettre non affranchie est refusée.

De 1 heure à 5 heures

Monsieur,

Les connaissances que j'ai acquises dans la pratique des affaires les plus délicates et surtout une DISCRÉTION IMPÉNÉTRABLE ont su me faire apprécier par la magistrature et les hautes classes.

Toutes les personnes qui ont eu recours à mes services, m'ont honoré par la suite d'une confiance absolue.

Veuillez me laisser croire Monsieur, que vous voudrez bien vous adresser à moi, lorsque ces services vous seront nécessaires, soit pour une surveillance, soit pour tout autre renseignement.

Veuillez agréer, Monsieur, l'assurance de ma haute considération.

S...

D'autres maisons ne se contentent pas d'envoyer des circulaires, elle font des annonces dans les grands journaux.

En voici un échantillon :

RENSEIGNEMENTS CONFIDENTIELS officieux. INFORMATIONS discrètes.— RECHERCHES officieuses de toute nature dans l'intérêt privé des familles, personnes du monde, négociants, industriels, capitalistes. — MISSIONS DE CONFIANCE en France et à l'étranger. — RENSEIGNEMENTS PARTICULIERS, INTIMES et précis pour MARIAGES ou autres motifs, antécédents, moralité, fortunes, etc. RECHERCHES de personnes disparues, de documents et renseignements importants utiles pour CONSTATATIONS officieuses ou judiciaires, soit pour AFFAIRES PARTICULIÈRES, procès civils en contrefaçons, séparations de corps, interdictions, revendications de succession, etc.

Il existe à Paris environ trois cents agences de ce genre ; ce n'est que depuis quelques années qu'elles se sont multipliées, sans doute parce que le nombre des cocus augmente.

Ces agents occupent un personnel composé, pour la plupart, d'anciens agents de la préfecture de police, retraités ou révoqués ; de déclassés aptes à faire tous les métiers, à accomplir toutes les besognes, même les plus ignominieuses, ne reculant devant rien ; quand une cause n'existe pas, ils la font naitre, ils pénètrent dans les intérieurs les mieux fermés, ils jettent le trouble dans les maisons les plus honnêtes. Quant ils jugent un ménage matière exploitable, voici comment ils procèdent :

Un des agents va chez la concierge de la maison ; chacun sait que mesdames du cordon ne sont pas précisément des modèles de discrétion ; il l'interroge habilement sur les mœurs, les habitudes, la situation de fortune du ménage qu'il s'agit d'exploiter.

Muni de ces renseignements qu'il condense, il en fait un rapport très circonstancié qu'il remet au chef de l'agence ; celui-ci étudie s'il y a les éléments nécessaires pour « faire un coup fructueux » ; s'ils existent, il dresse ses batteries.

Elles sont audacieusement canailles, et peu compliquées.

Il prend une carte postale et fait écrire par un de ses hommes :

Monsieur,

Le devoir m'oblige à vous prévenir du malheur qui vous frappe. Votre femme vous trompe. Il est extraordinaire que vous ne vous en soyez pas aperçu ; faites-la surveiller et vous acquerrez la certitude.

Un Ami.

Quand le mari reçoit cette carte postale qui a sûrement été lue par la concierge et par les cancannières qui fréquentent sa loge, suivant son tempérament, il s'emporte, devient furieux, injurie sa femme, ou bien il garde le silence et observe.

Ce dernier cas est le plus fréquent.

L'agence place en permanence un de ses hommes pour observer les allées et venues de l'homme et de la femme, puis quand il est bien fixé sur les heures régulières où le mari et la femme sont chez eux, seul, chacun de son côté, un troisième agent se présente ; celui-ci est généralement très correct, rien dans ses allures, ni dans sa tenue, ne pourrait faire soupçonner son rôle misérable.

Si c'est l'homme qui est seul chez lui, il se présente comme le représentant d'une grande maison de vins de Bordeaux, et fait ses offres de service. Pendant qu'il débite sa petite histoire, on sonne ; c'est la concierge qui monte une seconde carte postale ainsi rédigée :

Monsieur,

Vous n'avez sans doute, ayant confiance en votre femme, jamais remarqué qu'elle sortait à heures régulières, c'est un scandale dans le quartier; et tous les honnêtes gens vous plaignent, en regrettant que votre aveuglement vous empêche de faire justice.

Un Ami.

L'envoi de cette carte a été calculé pour qu'elle soit donnée au mari, juste au mo- où l'agent est là.

Le mari la lit et passe en un clin d'œil par toutes les couleurs de l'arc-en-ciel. L'agent a l'air de ne pas s'apercevoir de son émotion.

Le mari, qui étouffe de colère, a besoin d'expansion, il ne peut s'empêcher de s'écrier ;

— C'est infâme !

Alors l'agent, onctueusement, demande au mari :

— Est-ce qu'un malheur vous frappe, monsieur ? Quoique je n'aie pas l'honneur d'être connu de vous, j'y prends part, et si je pouvais vous être utile ?

— Hélas ! monsieur, répond le mari, lisez.

Et il passe la carte postale à l'agent.

Celui-ci la lit en poussant des exclamations de circonstances : Mais c'est atroce, troubler ainsi le repos des gens, c'est monstrueux ; à votre place, je voudrais me renseigner : si pourtant c'était une calomnie ?

— Mais par quel moyen ! dit le mari.

— C'est bien simple, ajoute l'agent, nous n'avons qu'à descendre au café ; dans *le Bottin*, vous trouverez votre affaire.

Une fois au café, l'agent demande *le Bottin* au garçon, il le feuillette, fait semblant de chercher, et finalement lui donne l'adresse de sa maison.

Le mari s'empresse de courir à l'adresse

indiquée; il arrive dans une maison de belle apparence. Il monte au premier étage ; sur la porte, un écusson indique que le visiteur peut entrer sans frapper ; il entre ; dans une première pièce sobrement meublée, un domestique le reçoit et lui demande ce qu'il désire.

— Parler à Monsieur X...

Quelques minutes plus tard, le directeur, un homme d'un certain âge, vêtu de noir, cravaté de blanc le reçoit dans un cabinet de travail d'un aspect sévère. Il le convie à s'asseoir et lui demande l'objet de sa visite ; le visiteur hésite un peu ; encouragé par l'aspect bienveillant du directeur, il lui raconte en peu de mots son histoire.

— Vous avez les cartes postales qui vous ont été adressées?

— Parfaitement.

Le directeur les lit, les relit, les palpe, les retourne, comme si le morceau de carton violet allait lui faire des révélations ; après avoir semblé réfléchir, il commence l'interrogatoire de son visiteur:

— Ces cartes ont été mises à la poste dans deux quartiers différents du vôtre, l'un dans le quartier de l'Europe, l'autre rue Bonaparte; comme elles sont signées : *un ami*, connaissez-vous quelqu'un dans ces quartiers ?

Le malheureux se creuse la cervelle, il se presse la tête comme un citron, puis répond :

— Je ne connais personne dans ces quartiers.

— Ce n'est pas une raison, reprend gravement le directeur, l'*ami* qui a voulu vous rendre service est peut-être en même temps celui de votre femme; de crainte de se faire connaitre, il a mis à la poste ces cartes loin du quartier qu'il habite.

— C'est juste.

— Recevez-vous chez vous un certain nombre d'hommes, avez-vous remarqué que votre femme fût plus aimable pour l'un d'eux ?

— Non !

— Votre femme sort-elle souvent, à heures

fixes. Quelle est son attitude auprès de vous ? Est-elle plus gracieuse, un jour que l'autre, par exemple les jours où elle sort et s'attarde, est-elle plus empressée ?

— N'ayant pas de soupçons, je n'ai jamais fait aucune remarque.

— Eh ! bien, monsieur, il faut la faire surveiller.

— Volontiers, voulez-vous vous charger de ce soin ?

— Parfaitement, quinze années d'expérience, etc., etc.; le boniment du prospectus débité avec une volubilité extraordinaire.

Le visiteur, ébloui par cette faconde, demande ce qu'il faut verser.

— Cinq cents francs de provision, répond le directeur, si ce sont mes employés qui font la surveillance, mille francs si vous désirez qu'elle soit faite par moi-même.

Le visiteur verse cinq cents francs.

Deux ou trois jours plus tard, la femme reçoit à son tour une carte postale :

Madame,

Votre mari vous dit, quand il rentre, qu'il sort de son cercle ; c'est un mensonge, il y met rarement le pied, on le voit souvent sur le boulevard des Italiens, avec une fort jolie femme, c'est par sympathie pour votre situation que je vous préviens.

Une Amie.

Au reçu de cette carte, la femme est furieuse, elle jure d'arracher les yeux à « l'infidèle » ; puis elle réfléchit, elle cherche à se rappeler les moindres circonstances de l'existence de son mari, les faits les plus insignifiants en apparence prennent des proportions fantastiques. Elle est encore sous l'impression de la carte qu'elle a reçue quelques heures auparavant, lorsqu'on sonne : c'est le même agent, mais méconnaissable, tant il est habilement camouflé ; il entre immédiatement en matière.

— Madame, vous avez reçu une carte postale qui accuse votre mari d'avoir une maîtresse ; au cas où vous voudriez le faire surveiller, voici l'adresse d'une maison qui peut vous fournir les meilleures références; elle compte, parmi ses clients, la magistrature, les plus hautes classes de la société.

Elle remercie l'homme sans songer à lui demander comment il sait qu'elle a reçu une carte postale, puis aussitôt qu'il est parti, elle s'habille, saute dans une voiture et se rend à l'adresse indiquée.

La même scène pour la femme se reproduit, le directeur lui fait verser cinq cents francs.

Comme bien on le devine, aucune surveillance n'a lieu, pas plus pour la femme que pour le mari, puisque les dénonciations partent de la même agence, et qu'elles sont mensongères.

Une quinzaine de jours se passent, pendant lesquels le mari et la femme, chacun de son côté, vont à l'agence savoir s'il y a « du nouveau. »

Le directeur leur annonce respectivement qu'il n'a pas de résultats appréciables, mais qu'il est sur la trace.

La vie à la maison conjugale est un enfer, l'homme et la femme se regardent en chiens de faïence, sans qu'ils s'en disent les motifs ; enfin, ils reçoivent, chacun de leur côté, une lettre du directeur de l'agence les conviant à se rendre à son cabinet, à une heure de différence ; si c'est la femme qui arrive la première, elle est reçue dans un petit salon isolé.

Aussitôt le directeur de l'agence se présente.

La femme, anxieuse, n'ose l'interroger, mais comme il est souriant, elle se rassure :

— Monsieur ?...

— Madame, j'ai la satisfaction de vous apprendre que les cartes qui vous signalaient la conduite de votre mari étaient mensongères ; nous nous somme livrés à une enquête des plus minutieuse, et nous n'avons rien pu relever contre lui.

Il cause encore avec la femme, de choses et d'autres, pendant quelques instants, pour donner au mari le temps d'arriver.

Le mari est exact au rendez-vous. Il est introduit dans un autre salon ; le directeur lui tient le même langage et ajoute :

— Votre femme aussi avait des soupçons sur vous, elle nous avait chargés de vous faire surveiller, elle est là, dans un salon voisin ; ce que vous avez de mieux à faire, c'est de franchement vous réconcilier.

Il conduit alors le mari dans le salon où est sa femme et tous deux tombent dans les bras l'un de l'autre.

Ils remercient chaleureusement le directeur de l'agence, puis se lèvent pour partir.

— Pardon, fait le coquin gracieusement, vous me devez deux cents francs pour frais supplémentaires.

Le mari s'empresse de payer, heureux d'en être quitte pour la peur.

⁎⁎⁎

Tous ces scélérats ne jouissent pas de la même impunité, on se rappelle un procès qui eut un grand retentissement :

Six ans après son mariage, en 1883, madame Clovis Hugues se trouva, grâce aux agissements d'une agence de renseignement, mêlée à une scandaleuse affaire de séparation de corps et obligée de traduire son calomniateur en justice.

Voici ce qui s'était passé :

A l'époque où, jeune fille, madame Clovis Hugues demeurait avec son père, rue de la Pompe, à Passy, la maison habitée par la famille Royannez était contiguë à l'hôtel d'Osmont du Tillet, occupé par une vieille dame, la comtesse d'Osmont.

La vieille Osmont du Tillet avait été une

femme à la mode. On la connaissait sous le nom de la *femme au blanc de perle* ; elle changeait d'amants aussi souvent que de chemise. Malgré cela, elle s'attacha un jour plus particulièrement à un jeune homme qu'elle rencontra dans les Champs-Elysées. Elle lui fit faire son portrait par le peintre Léon Goupil, alors très en vogue. Le peintre allait terminer son œuvre, lorsqu'elle se fâcha avec son amant. Le portrait resta en plan ; elle en prit néanmoins livraison, l'accrocha dans son salon et le couvrit d'une serge verte. Elle choisit un nouvel amant, un colonel exotique qui se faisait appeler de Téwis (nom que l'on traduisait ainsi : de tes vices). Il ressemblait vaguement à l'empereur. Un jour, il demanda à la vieille ce que cachait la serge appliquée sur la toile ; elle lui répondit que c'était le portrait d'un ami. Alors elle eut une idée : Pourquoi n'utiliserais-je pas cette toile, pensa-t-elle ?

Elle alla à l'atelier de Goupil et lui proposa de remplacer la tête de son ancien amant par la tête du nouveau ; on peut juger de celle que fit l'artiste ; néanmoins, il s'exécuta.

La comtesse d'Osmont, après une multitude de cascades, se remaria à un tout jeune homme, M. le Normand. Ce mariage si disproportionné fut bientôt troublé ; la comtesse qui, sans doute, n'avait pas trouvé chez son jeune mari la force nécessaire pour étayer ses vieux charmes décrépits, songea à se séparer. Elle chargea une agence de renseignements, l'agence C..., de lui trouver à prix d'argent des motifs de séparation.

La comtesse savait que, vers 1875 ou 1876, un certain nombre de jeunes filles ou de jeunes femmes habitaient la maison voisine de son hôtel ; elle les avait même épiées, pour s'assurer que son mari ne leur parlait pas ; certainement, l'une d'elles pouvait avoir été sa maîtresse.

Partant de ce point plus que problématique, l'agent de renseignements C... se présenta à plusieurs reprises chez la concierge de la maison et obtint les noms de quelques anciens locataires.

Il élabora aussitôt un plan.

Toutefois, ce plan, pour être exécuté, présentait une certaine difficulté : la plupart de ces jeunes filles étaient mariées à des hommes auxquels il n'aurait pas fait bon de se frotter.

Une seule faisait exception.

La famille *Royalès*, comme l'appelait la concierge, avait disparu sans dire où elle allait ; elle avait dû passer à l'étranger, on la croyait en Amérique. Rien n'empêchait à l'agent C... d'attribuer une intrigue amoureuse de M. le Normand avec mademoiselle Royannez ; il n'y manqua pas.

Un jour, il revint chez la concierge accompagné de deux témoins. Il lui assura qu'il était un ami intime de M. le Normand et il la prévint qu'on viendrait peut-être l'interroger sur les relations de son ami avec mademoiselle Royannez, mais qu'elle devait bien se garder de dire ce qu'elle savait.

— Je ne sais absolument rien, c'est une infamie, répondit la concierge.

— A la bonne heure, voilà ce qu'il faudra répondre, dit l'agent C... Mais, ajouta-t-il, vous savez bien qu'il lui envoyait des bouquets, qu'il lui donnait des rendez-vous.

Bref, il insista tellement sur les soi-disant scènes qui se seraient passées entre son « ami » le Normand et la « petite », comme il appelait Mlle Royannez, que la concierge le mit à la porte. Une fois dehors, il emmena ses deux témoins chez le commissaire de police et voulut leur faire signer, comme étant le récit authentique de la concierge, ce qu'il avait raconté lui-même ; un seul, nommé Morin, consentit à signer, l'autre refusa, prétextant qu'il était ivre et qu'il n'avait rien entendu.

Le procès en séparation d'Osmont le Normand s'engagea sur ce témoignage et, devant le tribunal, Morin raconta les amours de M. le Normand avec sa jolie voisine, bien sûr que des gens qui étaient en Amérique ne réclameraient pas. Mais alors survint une complication imprévue que l'agence Clerget, malgré son outillage perfectionné, n'avait pu découvrir : M. le Normand, outré des calomnies qu'on lui révélait, apprit que la jeune fille avec laquelle on lui prêtait des relations et qu'il n'avait jamais vue se nommait Royannez et avait épousé M. Clovis Hugues. Il écrivit sur le champ à ce dernier une lettre indignée. M. Clovis Hugues commença une enquête, demanda une entrevue à madame le Normand, mais quand il arriva chez celle-ci, rue du Colysée, sa femme, qui avait tout appris, l'y avait devancé, et il la trouva près du lit de madame le Normand, le révolver à la main, et difficilement contenue par ceux qui entouraient la malade.

Ne pouvant se venger de madame le Normand qui, du reste, protestait de son innocence, rejetant tout sur l'agence Clerget, madame Clovis Hugues se rendit chez son calomniateur ; Clerget jura qu'il n'était pour rien dans l'affaire, qu'il l'avait depuis longtemps abandonnée ; c'était Morin, son ancien employé, renvoyé par lui depuis le 15 avril, qui avait tout fait. Comme la déposition de Morin datait du 21 août, il n'y avait, assurait-il, trempé en aucune façon et il signa une déclaration en ce sens qu'il remit entre les mains de madame Clovis Hugues et de deux amis de son mari qui l'accompagnaient. Plainte fut portée contre Morin et madame le Normand, cette dernière mourut avant le jugement qui ne frappa que Morin, il fut condamné par la 9ᵉ chambre à 2 ans de prison, 50 francs d'amende et 2000 francs de dommages-intérêts.

Morin, ancien clerc d'huissier très roublard en chicane, porta sa cause à la cour d'appel, fit défaut, obtint des remises et parvint à éterniser le procès.

— Je roulerai le président et les avocats, disait-il ; les deux ans de prison, je ne les ferai jamais.

Pendant ces délais, des cartes postales parvenaient à M. et Mᵐᵉ Clovis Hugues. L'expéditeur avait soin de ne pas mettre l'adresse exacte pour que le facteur les colportât de maison en maison.

Elles étaient toutes dans le goût de celles-ci :

A M. *Alphonse* Clovis Hugues, député

Tu n'es qu'un maquereau, tu n'avais pas besoin de te marier pour vivre avec une *marmite*.

X•••

Vous avez beau dire et beau faire, votre femme est une..., le mieux est de ne pas entretenir des affaires avec M. le Normand.

UN AMI

J'ai un de mes amis très bien avec le préfet de police, il est tout disposé à enfermer la femelle avec laquelle tu t'es marié.

X•••

Celle-ci était datée de Marseille :

> Une personne qui vous aime ainsi que votre femme me fait savoir qu'elle est la fable de Marseille, et que le Normand était l'amant de votre femme avant votre mariage, j'ai des lettres adressées par elle à le Normand. Vous dire ce que l'on dit d'elle, je ne le pourrais jamais.

X…

On conçoit aisément l'exaspération du destinataire et de sa femme en présence de pareilles ordures.

Le jugement contre Morin avait été rendu le 3 décembre 1883. Un an après, le 28 novembre 1884, il obtenait encore une nouvelle remise et comme il sortait de la salle d'audience et passait près de madame Clovis Hugues et de son mari, il leur adressa un sourire moqueur. Madame Clovis Hugues, qui avait un revolver tout armé sous son manteau, fit feu sur lui à bout portant; Morin, légèrement blessé, fit quelques pas en s'enfuyant, mais madame Clovis Hugues le poursuivit et lui tira quatre balles dans la tête.

Madame Clovis Hugues fut traduite en cours d'assises le 8 janvier 1885 et acquittée.

Morin était mort quelques jours auparavant. A l'audience, l'expert affirma que les cartes postales anonymes n'étaient pas de la main de Morin ; celui-ci, sur son lit de mort jura qu'il était innocent et qu'il n'était pas l'auteur des lettres.

Il faut croire que l'expert et Morin étaient sincères, puisque, depuis cinq ans les lettres anonymes et les cartes postales continuent à affluer chez monsieur Clovis Hugues, toutes rédigées dans le même style, et de la même main.

Particularité bizarre : elles sont toutes pour la plupart mises à la poste au même bureau, à Batignolles. Le préfet de police n'a jamais voulu établir une surveillance pour découvrir le ou les coupables de cette persécution qui a coûté la vie à un homme et le repos à une famille, car, on a beau dire, malgré tout, il y a plus d'imbéciles que de gens intelligents et plus de malveillants que de bienveillants. Les imbéciles et les malveillants sont enclins à croire le mal, et quoique la vérité leur crève les yeux, ils n'y veulent point croire et persistent, quand même, dans leur mauvais sentiment, d'autant plus lâche que la calomnie est une tunique de Nessus, qu'elle vous enserre dans un réseau étroit, sans que l'on puisse étrangler ce misérable ON qui franchit les maisons les mieux closes pour atteindre les enfants dans leurs affections les plus chères, la mère !

Il y a du reste autour de l'affaire Clovis Hugues, toutes une série d'autres affaires qui jettent une effroyable lumière sur les agences de renseignements.

Au moment même où Morin déposait son faux témoignage contre madame Clovis Hugues, plusieurs autres femmes étaient dénoncées par lui comme ayant été les maitresses de Monsieur le Normand.

L'une d'elles, mariée à une très haut fonctionnaire du ministère de ***, fut signalée par l'agent à la vieille comtesse, tout simplement parce qu'il l'avait rencontrée dans l'escalier, en compagnie de sa bonne, un mois avant son mariage, juste à l'instant où M. le Normand, appelé pour une affaire, sortait lui-même du ministère. La jeune fille qui était venue dire un bonjour à son père en passant devant le bureau, fut classée immédiatement dans le dossier de Morin.

Un mois après, Mme le Normand faisait appeler le mari — il y avait juste un mois qu'il était marié — et elle lui dit brutalement ceci :

— Votre femme a été la maitresse de mon mari.

On peut juger de la stupéfaction du pauvre homme en présence de la calomnie de cette vieille vipère.

Autre chose.

La femme d'un capitaine, ami de M. le

Normand, rencontra celui-ci ; après les salutations usuelles, ils causèrent quelques instants. M. le Normand serra la main de la femme de son ami ; Morin, qui ne lâchait pas M. le Normand d'une semelle, vit le fait ; aussitôt il le classa dans le rapport quotidien qu'il adressait à la vieille.

Plus tard, ces deux dames firent une démarche auprès de M° Gatineau, avocat de Mme Clovis Hugues, pour aller témoigner de ce qui leur était arrivé à elles-mêmes.

M° Gatineau déclina cette offre sur la prière de Mme Clovis Hugues qui lui avait dit :

— C'est bien assez du scandale fait chez nous, remerciez ces dames en mon nom, mais dites-leur bien que je ne veux pas qu'à cause de moi elles s'exposent aux imbécilités de l'éclaboussure.

Dans la rue de la Pompe, où avait habité Mlle Royannez, une autre jeune fille fut indiquée, par Morin, comme étant la maîtresse de M. le Normand ; elle *était morte depuis un an*, quand M. le Normand s'était marié et était venu habiter le quartier. Monsieur Clovis Hugues reçut la visite du père douloureusement indigné, mais il n'y pouvait rien, malheureusement.

Ce n'est pas fini.

La vieille faisait racoler dans le Bois de Boulogne des filles publiques, des rôdeuses, auxquelles elle donnait dix francs par jour, à la condition qu'elles affirmeraient sous la foi du serment, au moment du procès, qu'elles avaient eu des relations avec son mari.

Un garçon de café, chargé de ce joli rôle de racoleur, montrait à ces filles une photographie de M. le Normand. Pour qu'elles ne fussent pas troublées devant une confrontation, on avait coupé la tête du mari qu'on montrait seule, car dans la pose, il avait été photographié en costume d'officier.

L'une de ces filles fut chargée par Mme le Normand de faire déclarer, moyennant une somme de dix mille francs, par une jeune fille, Mlle Fontaine, qu'elle avait reçu des lettres de M. le Normand pour ses maîtresses ; la fille n'osa pas, elle recula devant l'odieuse proposition à faire, Mme le Normand lui avait dit, du reste, que Mlle Fontaine ne connaissait ni M. le Normand, ni Mlle Royannez, mais qu'avec de l'argent, tout pouvait s'obtenir.

Par son refus, la fille publique donnait une leçon de morale à la grande dame...... par le nom !

Une circonstance bizarre : Mlle Fontaine a disparu depuis, impossible de retrouver ses traces. Ce fut le personnage mystérieux du drame, comme l'homme barbu de Dumollard et comme l'homme brun de Pranzini.

Les filles payées par la vieille comtesse se réunissaient, pour se concerter, dans une espèce de taverne plutôt bouge que cabaret, situé boulevard Pereire. M. Clovis Hugues finit par la découvrir ; il y alla en compagnie de M. le Normand :

— Me reconnaissez-vous ? dit M. le Normand à l'une d'elles qui avait prêté serment et déclaré qu'elle avait eu des relations avec lui.

— Oh! là! là! répondit-elle, mais je ne vous ai jamais vu, mon beau monsieur!

La comtesse faisait largement les choses pour arriver à ses fins; en plus des dix francs par jour, elle donnait à ces filles une somme de cinquante francs pour le faux témoignage une fois fait.

Que Mme le Normand et Morin aient tripoté et manigancé ces infamies, c'était tout naturel, étant donnés l'acharnement de l'une et le misérable métier de l'autre; mais ce qu'on aura peine à croire, c'est qu'un brigadier de la police des mœurs était mêlé à ces sales machinations; quand les filles résistaient aux offres d'argent, il procédait par intimidation.

Ce fait est rigoureusement exact. Je le tiens de M. Clovis Hugues personnellement.

Le chef de la sûreté d'alors autorisa M. Jaume à faire une enquête sur Morin, il vit le misérable qui confessa qu'il avait agi au hasard en s'emparant sur un livre d'une concierge du nom de Mlle *Royalés*, parce qu'on lui avait dit qu'elle était partie pour le Congo depuis très longtemps avec sa famille. Le rapport de M. Jaume fut lu par Me Gatineau au cours des débats où Morin fut condamné à deux ans de prison pour faux témoignage.

Ce Morin avait d'ailleurs toutes les audaces ; il avait menacé sa maitresse de la faire enfermer à la prison de Saint-Lazare, si, pour aider ses combinaisons, et pour multiplier « les preuves », elle ne déclarait pas qu'elle avait été la maitresse de M. le Normand, à tel endroit, tel jour, à telle heure. Elle refusa net, mais vaincue par la peur, elle alla chez la concierge de Mme le Normand pour accomplir ce que Morin exigeait. Au moment de parler, elle s'évanouit ; quand elle revint à elle, n'étant plus sous la domination de sa canaille d'amant, elle raconta tout à la concierge.

Que mon confrère et ami Clovis Hugues me pardonne d'avoir réveillé ce douloureux souvenir, mais cela était nécessaire pour démontrer l'infamie de ces agences et éclairer le côté mystérieux de cette affaire qui passionna tant de gens alors.

Les agences de renseignements n'ont pas que le haut fait Clovis Hugues à leur actif, ils ont l'affaire de la duchesse de Chaulnes, de madame Chevandier de Valdrome et une foule d'autres célèbres.

IX

Les peines contre les adultères à travers les âges. — Mezeray. — L'article 324 du code pénal. — Voltaire et Cosita sancta. — Saint-Augustin et Septimus Acyndinus, consul de Rome. — Saint-Paul et Saint-Ambroise. — Arrêtez la voleuse. — Au poste de police. — Une triste histoire. — Dévouement inutile. — La vengeance d'un mari. — Le poêle mobile justicier. — La malle d'Eyraud et de Gouffé. — Eyraud plagiaire. — Coup double. — Une aventure romanesque. — Un prêtre adultère. — L'expiation. — Un mari ingénieux. — Le coup du confessionnal. — Prise au trébuchet. — Une confession friande. — C'est mon photographe. — Un singulier adultère. — Mari et amant. — La tache révélatrice. — Il a couché avec la bonne. — Moi aussi. — Une femme mariée dans une maison de tolérance. — Une curieuse anomalie. — Singulier cas physiologique. — La main à la pâte. — Doit-on le dire ? — *Les Vrais cocus* par Victor Meusy, musique de Paul Delmet. — Lisez le *Bottin*. — Faut savoir prendre le dessus.

L'adultère est *simple* lorsqu'il est commis par une personne libre de tout engagement conjugal ; il est *double* lorsque les deux coupables sont mariés.

L'adultère était puni de mort par les lois de Moïse et de Lycurgue.

Les anciens Germains brûlaient les femmes adultères et, au-dessus de son bucher, dressaient le gibet de son complice.

Sous le règne de Canut, on coupait le nez et les oreilles des coupables.

En Angleterre, l'adultère n'entraina la peine de mort qu'en vertu de la loi de 1650, qui fut abolie après Cromwell, et remplacée par des compensations pécuniaires.

En 1857, une nouvelle loi établit une *cour de divorce* chargée de connaitre des cas d'adultère.

En Egypte, on coupait le nez à la femme adultère.

A Athènes, elle était publiquement livrée aux injures et aux mauvais traitements.

Chez les Battas, peuple de l'Ile de Sumatra, l'amant était livré au bon plaisir de la vengeance du mari cocu.

Chez les Juifs, on lapidait la femme coupable ; son complice subissait le même sort.

Chez les Saxons, l'amant était pendu, la femme brûlée vive.

Chez les Sarmates, l'amant était attaché à un poteau...., comme les fruits tiennent à l'arbre, on lui mettait un couteau dans la main, il avait le choix de mourir ou de se délivrer en s'abélardisant!

A Sparte, il n'y avait pas d'adultère, par la raison qu'il n'y avait pas de famille, les enfants appartenant à l'Etat.

A Rome, le mari était juge de sa femme et pouvait prononcer la peine de mort en présence de la famille assemblée ; plus tard, l'édit d'Antonin ne permit au mari de se porter accusateur que s'il démontrait d'abord qu'il était irréprochable.

Constantin prononça la peine de mort contre sa femme et contre son amant.

Justinien voulait que la femme fût fouettée et enfermée dans un monastère. L'empereur Léon coupait le nez des délinquants.

Les *capitulaires* de Charlemagne édictaient la peine de mort contre les coupables ; plus tard, on promena les coupables de carrefour en carrefour, au milieu des huées accompagnées de fustigations.

Les coupables avaient la faculté de se racheter en abandonnant leurs biens.

Sous les descendants d'Hugues Capet, on vit des adultères condamnés à payer une amende et à être promenés par la ville.

En France, au moyen âge, il y avait pour les jeunes preux un moyen d'acquérir de la gloire et quelquefois de faire fortune, en se déclarant champions d'une femme accusée d'adultère, pour forcer son accusateur, en champ clos, à se dédire. Le vaincu mort ou vif était traîné sur la claie et pendu par les pieds ; la femme était justifiée ou punie.

Mézeray rapporte qu'une comtesse de Gatinois fut accusée d'avoir empoisonné son mari (une Lafarge qui avait égaré sa ceinture conservée sous verre par le musée de Cluny).

Son accusateur, cousin de son époux, passait pour un guerrier si redoutable, que la malheureuse se voyait abandonnée de tous les siens, lorsqu'un gentilhomme breton, âgé de 18 ans (l'âge des illusions) se présenta pour soutenir son innocence. Les juges ordonnèrent le combat, dans lequel le cousin accusateur fut tué par le jeune Breton, dont la comtesse fit son héritier avec l'approbation de ses barons et vassaux. Plus tard, il épousa la nièce de l'archevêque de Tours, qui lui apporta les châteaux d'Ambroise et de Chatillon, et fut le fondateur de la puissante maison des comtes d'Anjou.

Dans quelques villes, on enduisait de miel l'épouse coupable, on la roulait ensuite dans la plume, puis on l'exposait dans cet état aux regards de la foule.

Dans le Dauphiné et en Provence, l'amant était promené dépouillé de tout vêtement, dans les rues, et battu, ou bien encore, les deux coupables étaient hissés dos à dos sur un âne, le cavalier, la tête tournée du côté de la queue de l'animal et promenés par la ville.

Avant la Révolution française, le couvent était la prison de la femme adultère, prison provisoire, ou à perpétuité, selon que le mari consentait ou non à reprendre la coupable.

Le *Code pénal* classe l'adultère parmi les attentats aux mœurs.

L'adultère de la femme ne peut être dénoncé que par le mari.

L'emprisonnement varie de trois mois à deux ans pour la femme et son complice ; l'amende, pour ce dernier, est de 100 à 2.000 francs.

Le mari reste maître d'arrêter cette peine en consentant à reprendre sa femme.

Depuis la loi du 31 mars 1850, loi rendue sur la proposition de Pierre Leroux, l'amant peut perdre ses droits civiques.

L'adultère du mari, dont la femme seule est reçue à se plaindre, n'est punissable que lorsque le mari a entretenu une concubine dans le domicile conjugal.

La plainte du mari, comme anciennement à Rome, n'est pas reçue, s'il se trouve lui-même dans le cas d'adultère punissable.

L'article 324 du *Code pénal* déclare excusable le meurtre commis par l'époux sur l'épouse, ainsi que sur le complice, à l'instant où il les surprend en flagrant délit au domicile conjugal.

Il y a en moyenne, en France, 5.000 cas d'adultères par an, 2.000 environ pour les hommes et 3.000 pour les femmes.

La question de l'adultère a été de tous temps grandement discutée par les moralistes et diversement interprétée par les magistrats chargés d'appliquer la loi.

Il y a tant de circonstances atténuantes dans l'adultère, aussi bien chez l'homme que chez la femme !

Mais, il y a un mais, quand c'est l'homme qui est adultère, il rapporte vulgairement, comme on dit, ses deux oreilles ; la femme, au contraire, peut introduire dans la famille une multitude de petits bâtards, à moins qu'elle n'imite une femme que je connais.

Son mari rencontra un de ses amis.

— Tiens, comment vas-tu ? Tu as le teint frais comme une rose ? Ce n'est pas comme moi, je dessèche sur pied, je suis furieux. Imagine-toi que tous les neuf mois ma femme fait un enfant ; si cela continue, pour loger cette famille de riquiqui, il faudra que je loue une caserne.

— C'est de ta faute ; si tu faisais comme moi.

— Que fais-tu ?

— Un médecin de mes amis a inventé un préservatif des plus simples, un tampon d'ouate imprégné de camphre.

— Je voudrais bien le voir.

— Viens chez nous.

Les voilà partis bras dessus, bras dessous. Arrivés à la maison, le mari demanda à la bonne :

— Madame est-elle là !

— Non, monsieur.

— Cela ne fait rien ; fais-nous voir le petit machin de coton, tu sais ce que je veux te dire ?

— Oui, monsieur, mais impossible ; chaque fois que madame sort, elle l'emporte avec elle ! !

L'amour, la passion, la nécessité, l'isolement, l'entrainement, la misère, sont des excuses qui peuvent être valables aux yeux des juges.

Cosita Sancta, dont Voltaire nous a conté les aventures, se prostitua par amour pour sauver la vie de son mari.

Saint-Augustin [1] nous raconte un fait auquel il donne son approbation :

Septimus Acyndinus, ancien consul de Rome, était gouverneur d'Antioche ; comme tel, il surveillait la rentrée des impôts. Tout citoyen qui usait de moyens

---

(1) *August, de sermone Domini in monte (Liv. I, chap. XVI).*

frauduleux pour se dispenser de les payer, était condamné à une amende ou bien à être pendu s'il ne pouvait s'acquitter.

Un citoyen fut condamné par lui à une amende d'une livre d'or. Comme il ne la possédait pas, les délais expirés, il allait être pendu, lorsque sa femme résolut de le soustraire à la potence.

Du *consentement de son mari*, qui préférait être cocu que pendu, elle se rendit chez un homme qui lui avait promis une livre d'or, si elle voulait passer une nuit avec lui.

Le lendemain matin, un domestique lui remit une bourse pesante. Peu au courant de ces sortes d'affaires, elle négligea de l'ouvrir pour s'assurer si le compte y était ; son amant d'une nuit lui avait posé un splendide lapin : la bourse ne contenait que de la terre !

Quand elle rentra chez elle, ce fut une scène à tout casser. Le mari alla raconter son aventure à Acindynus.

— Le coupable c'est moi, dit ce dernier,

puisque je vous ai condamné à une amende que vous êtes dans l'impossibilité de payer.

Acindynus paya au fisc la livre d'or, puis il adjugea à la femme la terre d'où avait été prise celle qu'elle avait trouvée dans la bourse!

Saint-Augustin pose donc cette question :

— La chasteté d'une femme perd-elle son intégrité lorsque, pour sauver la vie de son mari et par *son ordre*, elle a des rapports avec un autre homme?

Il résout cette question délicate en justifiant l'adultère par *amour* ou par *dévouement*!

***

Sans aller chercher si loin, bien que l'opinion d'un père de l'Eglise ne soit pas à dédaigner, surtout que Saint-Paul et Saint-

Ambroise partagent son avis, de nos jours, il existe des exemples touchants d'adultère par amour ; malheureusement, les officiers judiciaires ne ressemblent plus à Acindynus.

Un soir, une femme fut arrêtée, dans un quartier de Belleville, sur la réquisition d'un boulanger, pour avoir voulu lui payer son pain avec une pièce de vingt francs fausse. La malheureuse, assez jolie, était mal habillée, pâle, paraissait souffrante, elle avait l'aspect le plus misérable que l'on puisse imaginer. Conduite au poste, par deux agents suivis d'une foule imbécile qui, sans rien savoir, criait contre la « voleuse », la pauvre femme sanglottait sans pouvoir articuler une parole ; à peine pouvait-elle marcher ; les agents, qui prenaient sa faiblesse pour de la résistance, la rudoyaient ; la foule cruelle et inconsciente criait :

— Emmenez-la donc, portez-la, ça déshonore le peuple, des salopes comme ça !

En route la foule grossissait, si bien qu'arrivé au poste de la mairie, il y avait bien deux mille badauds.

L'officier de paix étant absent, on la fourra au violon, où étaient déjà des filles publiques, ramassées saoules sur les boulevards extérieurs, vautrées sur le lit de camp, dans leurs déjections; d'une voix avinée et balbutiante, elles bredouillaient des refrains obscènes.

— Tiens, en v'là encore une.
— Elle n'est pas du quartier.
— C'est une concurrente qui vient trimarder pour nous enlever notre pain.
— Si on lui cassait la gueule?
— Non! foutons-lui le fouet.
— Oui, c'est ça, crièrent-elles en chœur, nous verrons comme elle est bâtie.

La nouvelle arrivée, blottie dans un coin, pleurait silencieusement, sans comprendre. Les filles publiques se dirigèrent vers elle; l'une lui prit les mains, l'autre lui retroussa ses haillons, alors elle eut conscience, son sentiment de femme se révolta, elle se débattit et se mit à crier, à hurler; les agents, entendant du bruit, accoururent, ils la dégagèrent.

L'officier de paix étant arrivé, on fit conduire les prisonnières deux par deux chez le commissaire de police ; là, elle fut interrogée, et voici ce qu'elle raconta :

Mariée à dix-sept ans avec un ouvrier mécanicien, elle eut en trois ans deux enfants ; le mari, d'une bonne conduite, travaillait avec courage; l'aisance, une aisance relative, régnait dans la maison. Successivement, les deux petits moururent du croup. Le père, désolé, peu à peu se relâcha de son travail. Elle eut deux autres petits. Pour combler le vide que le cabaret faisait dans la bourse du ménage, elle mit ses enfants en garde, et alla en journée. Le mari, qui ne pouvait se consoler de la perte des deux premiers enfants, continuait à boire de plus belle ; presque alcoolique, il tomba malade. Petit à petit, elle engagea au mont-de-piété ce qu'elle possédait, puis quand elle n'eut plus rien, pour obtenir un misérable prêt de trois francs, le minimum de l'établissement de charité, elle vendit au brocanteur ce qu'elle put trouver.

Elle ne pouvait travailler, il fallait soigner l'homme et les gosses. Un jour, elle n'eut plus rien, rien, ni feu, ni lumière, ni vêtement, ni pain ; l'homme gémissait sur sa paillasse, les enfants criaient :

— Maman, maman, j'ai faim !

Torturée par tant de souffrances, affolée, ne sachant plus que faire, elle s'enfuit dans la rue déserte pour jeter à Dieu, sous son ciel, un blasphème qu'il pût entendre, pour l'avoir faite si malheureuse, elle qui n'avait pas demandé à naître. A peine avait-elle fait quelques pas, qu'elle se heurta à un homme qui sortait d'un cabaret ; il l'entraina sous un bec de gaz ; presque inerte, elle se laissa faire.

— Tiens, elle n'est pas mal, dit l'homme, veux-tu ?

Elle ne comprenait que confusément.

L'homme devint pressant ; il ouvrit son porte-monnaie et lui fit miroiter sous les yeux quelques pièces d'or. Alors, elle comprit : c'était la vie pour quelques jours pour les petits et aussi pour l'homme.

Elle se mit à pleurer. Devant ses yeux, passait la vision de sa chambre nue où les siens râlaient....

— Allons, dit-elle....

Ils entrèrent dans un hôtel garni le plus proche.

L'homme la paya avec une pièce fausse. Son dévouement fut perdu. On sait le reste.

Elle fut mise en liberté.

Le lendemain, on repêchait son cadavre dans le canal Saint-Martin.

.*.

Un adultère qui se termina d'une façon plus tragique encore fut celui du Bois de Boulogne.

Dans un hôtel des plus aristocratiques, vivait M. de V...avec sa femme. Celle-ci avait noué des relations avec un personnage exotique très connu au boulevard, le comte de R..., du moins il se faisait appeler ainsi. Son existence était problématique, entourée d'un certain mystère; on ne le rencontrait jamais que de cinq heures du soir à six heures du matin, toujours correctement vêtu, vivant tantôt au café Anglais, tantôt à la Maison Dorée; personne, même ses amis qui le fréquentaient assidûment, ne connaissait son domicile. Quand on le lui demandait, il répondait vaguement rue Laffite, mais de numéro, point. Nul ne connaissait ses ressources. On disait bien : cherchez la femme, mais on ne la trouvait pas.

Un jour, il disparut. En même temps, les journaux du matin racontaient ceci :

« Nous avons encore, malheureusement, à enregistrer un terrible accident causé par les poêles mobiles. M. de V... était à dîner avec sa femme et le comte de R...; ils se sentirent subitement pris d'un malaise inexplicable. Comme le dîner était terminé, et que c'était un dimanche, les domestiques avaient été congédiés ; ils n'eurent pas la force d'ouvrir une fenêtre. Le lendemain matin, on les trouva morts asphyxiés. »

C'était simplement une vengeance de M. de V...

Je doute que l'inventeur du poêle mobile ait songé qu'un jour son appareil de chauffage servirait à un mari jaloux pour se venger.

*
* *

Ce n'est pas tout rose de tromper son mari ! S'il existe des maris débonnaires, il y a aussi des Othello à humeur farouche qui n'acceptent pas la chose facilement, et des amants qui cherchent par tous les moyens possibles de se débarrasser de leurs maîtresses quand elles deviennent par trop crampons, ou qu'ils craignent d'être découverts par le mari.

La malle d'Eyraud et du fameux Gouffé n'est pas une invention nouvelle. Eyraud n'est qu'un plagiaire. Il y a une quinzaine d'années, un amant employa ce moyen pour se débarrasser de sa maîtresse ; l'affaire fit grand bruit alors, mais le mystère ne fut jamais expliqué.

Un matin, le commissaire de police du faubourg Montmartre reçut la visite d'un personnage occupant une haute situation dans le gouvernement, lui demandant son intervention pour ouvrir une porte dans une maison de la rue Grange-Batelière ; il expliqua au commissaire qu'une personne de ses parentes avait disparu depuis quelques jours et que sa famille inquiète avait fait des recherches, que ces recherches avaient abouti à retrouver la piste de la personne en question jusqu'à la rue Grange-Batelière, n° ***, où elle avait loué une chambre dans laquelle elle venait fréquemment avec son amant.

— Vous ne l'avez pas trouvée ? dit le commissaire.

— Non! la porte était fermée intérieurement.

Le magistrat se rendit à l'adresse indiqué et fit ouvrir la porte par un serrurier. A peine entrées dans l'appartement, les personnes présentes furent suffoquées par une odeur cadavérique épouvantable ; dans un coin était une immense malle, le serrurier en fit, d'un coup de ciseau, sauter le couvercle et l'on aperçut le cadavre de Mme R.... Il était dans un état de putréfaction avancée ; les constatations légales firent découvrir que la femme avait été étranglée.

Au mur, était accrochée une corde ; par terre on trouva un marteau qui avait servi à enfoncer le clou ; la victime s'était donc pendue ou l'avait été par son assassin.

On arrêta l'amant, un homme fort connu au boulevard, membre d'un grand cercle, marié et père de famille. Interrogé, il raconta ceci :

— « Le samedi précédent, j'ai eu une violente discussion avec ma maitresse ; je l'ai menacée de la quitter, et je suis sorti pour aller à mon cercle. A mon retour, j'ai trouvé la porte fermée à double tour. Voyant qu'on ne l'ouvrait pas, je l'ai enfoncée d'un coup pied et j'ai vu ma maitresse pendue. Après avoir essayé de la rappeler à la vie, je me suis demandé ce que j'allais faire du cadavre. Le matin venu, je suis allé acheter une malle, pour y cacher le cadavre ; j'ai descendu la malle, et, avec l'aide du cocher, nous l'avons chargée sur un fiacre, sans que le concierge se doutât de rien. Je me suis rendu dans un hôtel des Champs-Élysées, j'ai loué une chambre, puis, craignant d'être découvert, je suis allé reprendre la malle que j'ai rapportée rue Grange-Batelière. »

Comme je l'ai dit, jamais ce mystère ne fut éclairci, mais le résultat fut celui-ci : le mari fut débarrassé de sa femme et l'amant de sa maitresse.

※

L'adultère amène parfois des situations dramatiques, qui sont réellement étranges et paraissent invraisemblables ; elles sont pour ainsi dire le châtiment des coupables, aussi bien de l'amant que de la maîtresse.

M. Bardoux étant ministre de l'instruction publique et des cultes, reçut un jour, au ministère la visite d'un prêtre.

Ce prêtre, très pâle, très émotionné, dit brusquement, sans préambule, au ministre :

— Je viens, monsieur, vous livrer mon honneur pour sauver une enfant qu'on veut sacrifier.

— Que puis-je y faire ?

— Écoutez, reprit le prêtre de plus en plus pâle ; dans huit jours, aura lieu à l'é-

glise Saint-Roch le mariage de M{^{lle}} de V...
avec M. R...; cet homme rendra malheureuse celle qu'il doit épouser, et je veux à tout prix empêcher qu'il épouse cette jeune fille.

— Vous dites : empêcher ce mariage, mais de quel droit, monsieur ?

— D'un droit sacré que je ne puis pas invoquer : je suis le père de cet enfant.

— Vous êtes son père ?

— Oui !

Le prêtre, alors, devant le sourire incrédule du ministre, fouilla dans sa soutane, en sortit un vieux portefeuille, l'ouvrit, et étala devant le ministre stupéfait un paquet de lettres jaunies, il les déplia pour les faire lire à M. Bardoux ; celui-ci, intrigué au dernier des points, les lut.

C'étaient à la fois des lettres d'amour, de tendresse, de passion, de jalousie et de repentir, dans lesquelles la mère adultère avouait la faute commise.

La paternité invoquée par le prêtre était absolument démontrée et irréfutable.

— Que voulez-vous que je fasse? dit M. Bardoux, si vous êtes le père de par votre liaison, vous ne l'êtes point par la loi, elle ne vous accorde aucun droit sur cette jeune fille.

— Mon Dieu! mon Dieu! fit le prêtre, en se tordant d'un désespoir réel.

Le ministre reprit :

— Le secret que vous venez de me révéler est sacré, il faut que vous laissiez accomplir ce que vous ne pouvez empêcher; d'ailleurs, réfléchissez, si vous intervenez, son père, de par la loi, vous demandera à quel titre, vous serez forcé, pour sauver l'enfant, de déshonorer la mère en dévoilant vos relations adultères.

A ces mots, le visage du prêtre, un homme encore jeune, maigre, l'œil profond et passionné, de blême qu'il était, devint livide ; il s'écria avec un accent de résolution farouche:

— Eh bien, non, ce mariage ne s'accomplira pas, on ne mariera pas ma fille avec cet homme ou je ferai un malheur!

Sur ces mots, il s'en alla.

Le ministre avait été très ému par cette confidence romanesque, il en parla à son collègue de la justice qui était alors M. Dufaure; celui-ci ne vit qu'un prêtre indiscipliné et ne voulut pas croire à ce roman.

— Il faut le faire surveiller, dit-il, il n'a qu'à se taire, et s'il bouge, on verra.

Une surveillance rigoureuse fut établie, et le jour où la jeune fille qui, naturellement, ignorait ce qui s'était passé dans le cabinet du ministre, gravissait les marches de l'église Saint-Roch, il y avait, parmi les curieux pressés autour du cortège, un prêtre en costume bourgeois que ne perdaient pas de vue deux agents de police.

Au moindre cri qu'il eût poussé, ont l'eût arrêté et emmené.

Le malheureux ne laissa pas monter une seule parole à ses lèvres qui tremblaient, il se baissa comme s'il s'agenouillait, et, pendant que la mariée ramassait sa longue traine de satin, il saisit le bas de sa jupe et porta l'étoffe à ses lèvres.

Aussitôt, il se redressa, l'œil hagard, et s'enfuit comme un fou suivi par les deux agents.

. . . .

Le lendemain matin, des pêcheurs, en jetant leur filets, un peu au-dessus de Neuilly, ramenèrent le cadavre d'un prêtre. Dans ses mains crispées, il tenait un portefeuille; le commissaire l'ouvrit ; il contenait la correspondance amoureuse. Elle fut envoyée au préfet de police, puis remise à la mère.

*
* *

Celle-ci n'eut pas la même chance !

Une jeune femme très dévote, qui, pour un empire, n'aurait pas manqué la messe, s'était mariée avec un riche industriel, lequel avait pour elle une passion profonde ; elle, hypocrite, sous ses dehors religieux, cachait une perversité profonde, ils lui servaient à masquer ses débordements. Un jour, son mari dut s'absenter pour ses affaires ; son voyage dura deux mois. A son retour, il fut prévenu par un *ami* que sa femme avait un amant. Il reçut ce coup en pleine poitrine, mais doutant encore, il résolut de la faire surveiller et de la surveiller personnellement; il mit tout en œuvre pour arriver à découvrir la vérité, mais la femme, soit qu'elle se doutât de quelque chose, soit qu'elle eût été prévenue de la surveillance exercée autour d'elle, se méfiait et prenait ses précautions en conséquence. Ni le mari ni les agences ne purent rien découvrir. De guerre lasse, le mari eut une idée lumineuse. Comme sa femme allait à la messe encore plus souvent que par le passé, qu'elle était toujours fourrée à l'église, soit pour se confesser, soit pour communier, il alla à sa paroisse trouver un prêtre de ses amis, un camarade d'enfance qui, justement, depuis peu venait d'y être nommé vicaire.

— Je viens te demander un service, lui dit-il, un grand service.

— Je suis à ta disposition, lui répondit le prêtre, de quoi s'agit-il ?

— J'ai une maîtresse.....

— Comment, toi, qui possèdes une femme si charmante, si pieuse, tu es donc fou ?

— Non ! c'est une histoire que je te raconterai une autre fois, en dînant ensemble, et sûrement, au dessert, tu me donneras l'absolution. Allons au plus pressé ; elle doit venir se confesser aujourd'hui, je veux la confesser moi-même.

— Dans quel but ?

— Je te répète tu le sauras plus tard.

— Mais c'est une vilaine action que tu me proposes ; si cette femme te confiait des secrets, toi, tu n'es pas tenu au secret professionnel, tu pourrais les révéler ou en abuser.

— Rassure ta conscience, je veux simplement connaître à quel point elle m'aime, tu vois que cela n'est pas bien dangereux. Ainsi, c'est convenu ; aujourd'hui, je prends ta place ; tu vas me prêter une soutane et ne t'occupe plus du reste.

Le prêtre lui prêta une soutane, lui donna une leçon et il s'installa sur un prie-dieu dans un des bas côtés de l'église à l'ombre d'un pilier, attendant avec anxiété la venue de sa femme.

Elle arriva, de noir vêtue, une épaisse voilette sur le visage, et s'agenouilla pour faire une prière.

Lui, dont le cœur battait violemment, tant son émotion était grande, la frôlait presque ; quand elle eut terminé, elle se releva et aperçut le prêtre dans la pénombre ; il lui fit un signe, et se dirigea alors vers le confessionnal, — petite cabane en bois sculpté que les impies nomment « la poivrière » — Elle le suivit, il entra rapidement, referma la porte vivement. Elle s'agenouilla pieusement, puis commença sa confession.

Le prêtre, au travers de son grillage, écoutait anxieusement.

Arrivée au récit le plus friand de l'adultère, elle se tut subitement.

— Continuez ma sœur, lui dit-il à voix

basse, racontez-moi tout, tout, si vous voulez l'absolution.

Elle continua sans omettre aucuns détails.

— Pourquoi, lui dit le prêtre, avoir trompé votre mari ? Ne vous aimait-il pas, ne remplissait-il pas ses devoirs conjugaux ?

— Si, mon père, répondit-elle, mais j'en avais assez, il m'ennuyait.

— C'est un bien léger grief !

— C'est vrai, mais je l'ai trompé, comme on va à la campagne pour changer d'air, et puis il était trop mon mari et pas assez mon amant !

— Alors, vous en avez pris un ?

— Parfaitement.

— Et il se nomme ?

— C'est mon beau-frère,

A ces mots, le mari se leva, sortit brusquement du confessionnal et se planta en face de sa femme. Elle le reconnut, poussa un cri terrible, et s'enfuit..... Elle était devenue folle.

L'église était déserte. Sans prendre le temps d'arracher sa soutane, il courut après elle ; elle se dirigea du côté de la Seine et s'y jeta.

Deux jours après, le mari tuait l'amant d'un coup d'épée.

.

Un adultère qui se termina d'une façon moins tragique fut celui-ci :

Un personnage haut placé apprit que sa femme le trompait, qu'elle se rencontrait avec son amant dans une maison du boulevard Flandrin ; il se renseigna sur l'heure et se mit aux aguets. Vers deux heures de l'après-midi, il vit arriver sa femme; quelques minutes plus tard, l'amant arriva à son tour. Il courut tout d'un trait chez le commissaire de police ; ce dernier était absent, mais son secrétaire lui promit qu'aussitôt qu'il rentrerait, il irait faire la constatation et arrêter les coupables. Pendant que le mari était chez le commissaire, l'amant était parti ; quand le mari revint se mettre en observation devant la maison, il se promena de long en large, fébrilement, rageusement, en supputant les satisfactions que sa femme et son amant devaient se procurer. N'y tenant plus, trouvant que le commissaire tardait trop, il ouvrit la porte, monta l'escalier ; au premier et unique étage, la clé était sur la porte, il entra et resta stupéfait : sa femme était seule !

Il essaya de lui faire une scène ; elle le prit de haut et lui démontra qu'elle était en visite chez une amie.

— Mais, dit le mari, il est venu un homme tout à l'heure !

— Mon ami, c'est un courtier en photographie.

Alors le mari se jeta aux pieds de sa femme pour implorer son pardon. . . .

. . . .

A ce moment, le commissaire de police fit son entrée accompagné de deux agents ; la situation du mari et de la femme ne pouvait laisser aucun doute.

Le commissaire constata l'adultère.

— Mais, je suis m. un tel, le mari de madame.

— Oh ! je la connais, dit le commissaire, on ne me la fait plus, vous allez me suivre à mon bureau.

Les agents emmenèrent mari et femme, malgré leur résistance ; enfin, au commissariat, le quiproquo s'expliqua.

.˙.

Il est difficile, malgré l'aveuglement du mari, de ne pas se trahir dans l'intimité ; il faut que *l'autre*, l'amant, s'observe constamment, qu'il se tienne continuellement sur ses gardes, surtout, comme cela est fréquent, s'il vit dans l'intimité du ménage. Il ne faut pas qu'il imite celui-ci :

Un jour, le mari et l'amant se promenaient au jardin d'acclimatation ; ils s'arrêtèrent devant un magnifique troupeau de cochons australiens.

— Tiens, dit le mari à l'amant, regarde donc cette splendide truie, elle a une tache noire sur la fesse gauche, singulièrement placée.

— C'est très joli.

— Croirais-tu, une chose bizarre, ma femme en a une exactement semblable au même endroit.

— C'est ma foi vrai !

On voit d'ici la tête du mari !

*
* *

Une autre histoire d'amant. Comme les

personnages sont connus, je ne mets qu'une initiale :

Un jour, M. X... alla, accompagné de son fils, chez un grand médecin, son intime ami.

— Je t'amène mon polisson de fils, lui dit-il !

— Pourquoi l'appelles-tu polisson, qu'a-t-il fait ?

— Imagine-toi que ce petit scélérat a couché avec ma bonne !

— Où est le mal ?

— Le mal ! visite-le, tu vas le voir.

Le médecin constata que le fils de M. X... était salé et poivré dans les plus grandes largeurs.

— Ce ne sera rien, dit-il au père, nous le soignerons.

— Oui, mais dit, M. X... il y a un mais !

— Lequel ?

— C'est que moi, aussi, j'ai couché avec la bonne.

— Eh bien, je vous soignerai tous les deux. Mais, dit tout à coup le médecin pris d'une inquiétude subite, tu as été au moins réservé avec ta femme ?

— Malheureusement non.

— Sacré nom de Dieu de cochon ! Il faut que je me soigne aussi !

M. X..., bien inconsciemment, était vengé comme le mari de la belle ferronnière, mais il apprenait en même temps qu'il était cocu.

Quand on a consacré son existence à observer, on est épouvanté des horreurs que l'on rencontre sur son chemin, des contradictions curieuses au double point de vue humain et physiologique.

Une nuit, dans une de mes excursions pour *Paris-Impur*, je dus passer quelques heures dans un bordel du Boulevard de la Villette pour étudier un cas particulier qui m'avait été signalé ; comme il n'entrait pas dans le cadre de ce livre, je l'ai réservé pour celui-ci.

Cette maison de tolérance ne présentait rien d'original, car, à l'exception de quelques unes placées dans le centre de Paris, toutes ces maisons se ressemblent aussi bien à Belleville qu'à Montparnasse ; elles ne diffèrent que par le nombre de femmes, qui varient, suivant l'achalandage.

Dans la salle, j'étais seul ; les femmes jouaient à la *Manille* ou au *Bézigue*, une se tenait isolée dans un coin, raccommodant un pantalon d'enfant. Je demandai au garçon pourquoi cette femme ne jouait pas avec les autres ?

Il me répondit : C'est la femme mariée !

— Comment, la femme mariée ?

— Il ne faut pas que cela vous surprenne, il y a à Paris un grand nombre de femmes mariées inscrites sur les livrets de police, et nous en avons souvent. Asseyez-vous et dans une heure vous allez voir arriver son mari.

En effet, une heure plus tard, je vis entrer un grand garçon proprement mis ; il alla s'asseoir aux côtés de sa femme qu'il embrassa avec effusion, puis ils se mirent à causer de leurs petites affaires. Ils *montèrent* ensuite comme s'il eût été un client ordinaire. Quand il fut parti, les consommateurs arrivèrent, la femme quitta son ouvrage et exerça son commerce. Cela m'intéressait. J'attendis qu'elle fût seule pour causer avec elle ; elle ne demandait pas mieux.

— Le garçon vous a dit que j'étais mariée et que mon mari venait me voir ici ; cette anomalie vous a semblé étrange ?

— Parfaitement.

— Et vous vous demandez pourquoi je suis ici, et vous prenez sans doute mon mari pour un maquereau ?

— Cela en a du moins les apparences.

— Eh bien, vous vous trompez, mon histoire est des plus simples : j'ai quitté mon mari pour un amant, j'ai quitté mon amant pour un autre, et un jour, j'ai fait le truc. Je me suis collée avec le général Pavé, mon mari m'a retrouvée, et s'est jeté à mes genoux ; il a pleuré. Un tas de blagues. Je suis rentrée avec lui, huit jours, puis je me suis débinée à nouveau et enfin je suis entrée ici. Je ne sais comment il a découvert mon adresse et un beau soir il s'est amené ; vous jugez de mon épatement ; j'allumais déjà une carafe pour lui casser la gueule s'il s'approchait de moi pour me frapper; il resta calme, me tendit la main et me regarda d'un air de pitié ; je fus prise d'un serrement de cœur. Cette résignation muette me faisait mal. Je m'approchai près de lui, et je lui dis à voix basse :

— Frappe moi, traite-moi comme une putain.

Cela m'aurait soulagée. Il ne bougea pas.

— Allons-nous-en, me dit-il.

— Je ne puis pas, lui répondis-je, je dois douze cents francs à *madame* (la maquerelle). A moins que tu ne veuilles les payer !

— Tu sais bien que je ne gagne que cent sous par jour.

— Eh bien, je reste.

— Permets-moi de venir te voir.

— Oui, le samedi.

Depuis ce moment, il ne manque jamais, comme vous l'avez vu.

— Mais pourquoi tolère-t-il un pareil état de choses ? Vous pourriez vous en aller sans payer, la *maca* ne courrait pas après vous.

— C'est un homme d'honneur, je dois, il veut que je paye.

— Mais enfin le métier que vous faites.....

— ... Il m'aime, et puis après tout, le métier que je fais, qu'a-t-il donc d'extraordinaire ? Quelle différence y a t-il entre une femme qui trompe son mari à l'œil, qui change d'amant chaque quartier de lune et une putain qui travaille pour de l'argent comme je le fais ? Il n'y en a pas. Et puis, vous autres qui parlez de nous avec mépris, fille publique ou fille soumise, voilà comment vous nous appelez ; mais vous ne savez donc pas qu'il y a des femmes que vous considérez dans votre monde comme des vertus, et qui sont les meilleures clientes de la maison ? Allez, être putain n'est qu'un mot.

J'étais abasourdi de la logique navrante de cette femme, et ému du cas particulier de cet homme qui souffrait tout parce qu'il l'aimait.

Cette femme tient aujourd'hui pour son compte une maison de tolérance au Boulevard de la Villette ; c'est avec un réel bonheur qu'elle raconte ses commencements et qu'elle ajoute en riant :

— Maintenant que je suis patronne, quand il y a trop de monde, mon mari est le premier à dire : Donne donc un coup de main !

.'.

Quand un homme est cocu, doit-on le prévenir?

Question délicate qui fut résolue par les juges du tribunal civil de la Seine. Elle intéresse tous les cocus :

Le 21 janvier 1886, un horloger, M. de V..., informé par *des amis* que sa femme se trouvait à la porte du cirque d'hiver, attendant son amant, M. B..., musicien du cirque, courut au rendez-vous, suivi des délateurs et poignarda avec une fureur inexprimable, amant, maîtresse et un pauvre bougre de passant. Le musicien, mortellement frappé, expira peu d'instants après ; Mme de V... survécut à ses blessures ; quant au malheureux passant, il ne jugea pas à propos de se faire connaître.

Les délateurs étaient M. et Mme D... qui, pour se venger de la femme de leur *ami*, à laquelle ils reprochaient de simples propos désobligeants, avaient dénoncé au mari les infidélités de Mme de V...

Avant de lancer l'époux « outragé » sur les deux coupables, ils l'avaient excité en le faisant boire plus que de coutume.

En cour d'assises, le mari fut acquitté, mais

à l'audience, le président, l'avocat-général et le public considérèrent les époux D. comme les véritables auteurs du crime, principalement la femme qu'on avait entendue crier : Tue-la ! Tue-la donc ! lorsque le mari s'était trouvé en présence de sa femme.

La victime était mariée. Sa femme, aux débats, s'était portée partie civile au nom de ses enfants mineurs; sur la plaidoirie de son avocat, la cour avait condamné M. de V... à payer aux orphelins une somme de trois mille francs à titre de dommages-intérêts.

Plus tard, madame B..., jugeant que la conduite des époux D... avait été la cause principale de la mort de son mari, intenta une action aux délateurs, devant la 4ᵉ chambre.

La demande fut accueillie.

Le Tribunal jugea que le fait par *un ami* de révéler l'inconduite de sa femme à un mari n'était pas par lui-même générateur d'une obligation civile, mais que si cette révélation était accompagnée d'excitation, d'aide et d'assistance dans l'accomplissement des violences, résultat de la fâcheuse confidence, il en est autrement.

L'article 1382 de notre code devient applicable.

En conséquence, M. et Mme D... furent condamnés à payer la somme de mille francs à la veuve de « leur victime ».

Voilà un jugement qui est de nature à faire réfléchir les bavards qui se mêlent de ce qui ne les regarde pas. Il y a cent à parier contre un que cela n'en corrigera aucun ; il est si facile pourtant de laisser les cocus vivre dans une douce quiétude, surtout ceux qui n'ont pas la philosophie de comprendre que pour celui qui le sait, c'est peu de chose, et que pour celui qui l'ignore, *cela n'est rien !*

.·.

Mon ami Victor Meusy, le célèbre chansonnier, a bien voulu donner à mes lecteurs la primeur d'une chanson : *les Vrais Cocus.* Paul Delmet en a composé la musique.

LES VRAIS COCUS

1

On ne saurait trop le dire :
N'est pas un cocu qui veut.
A moins de l'être pour rire
Un mari l'est comme il peut.
Jadis, ce pauvre Molière
En voyait à chaque pas ;
Ma foi, je n'en connais guère :
Des vrais cocus ? y en a pas !

2

Où sont les cocus classiques
Et les braves Bartholos
Qui n'lâchaient jamais leurs triques
Et riboulaient des calots !
A présent, qu'un mari brame,
On le trait' de haut en bas ;
Les amants seuls font du drame :
Des vrais cocus ? y en a pas !

3

Aujourd'hui, c'est une pose,
C'est un chic qu'on s'est donné ;
On le fait à la *chlorose*,
Au *sceptique*, au *morphiné*,
On rigole, on fait la noce,
On s'met à trent'six papas
Pour fair' la moitié d'un gosse :
Des vrais cocus ? y en a pas !

4

Nos cocus les plus célèbres
Ne sont pas intéressants ;
Ils s'enfuient comme des zèbres
Dans les cas embarrassants.
Ainsi, même au jeu des courses
Où les cocus vont en tas,
Y n'y rempliss'nt plus leurs bourses
Des vrais cocus ? y en a pas !

Comme conclusion, il n'y a que celle-ci :

>Mon père était cornard, mon oncle était cocu,
>Et tous deux ont bien vécu
>Sous leurs bonnets couleur jonquille ;
>C'était une dicton de famille.
>
>Ma femme est adorable et pleine de vertu,
>Elle va souvent à l'église,
>Eh bien, je crois..., est-ce bêtise ?
>Qu'elle me fait... turlututu.
>
>Or, pour me consoler, je lui rends la pareille,
>Et pour n'être pas en retard,
>Sans pourtant être né roublard,
>Ma foi, je m'en tire à merveille.
>
>Pendant qu'à sa chapelle, elle adore Jésus,
>A Suzon j'offre mon offrande,
>Que le Saint-Esprit la lui rende !
>Faut savoir prendre le dessus.

.˙.

J'ai donné dans *Paris-Impur* la liste des maisons de tolérance.

J'ai publié dans *Paris-Galant* la liste des principales proxénètes et des cocottes en vue.

Ceux qui désireront, pour compléter la série, la liste des maris cocus, n'auront qu'à consulter le *Bottin* ; s'il est incomplet, ils auront la ressource du *Tout-Paris*.

FIN

TABLE DES MATIÈRES

Pages.

CHAPITRE I. — La coupe enchantée. — Coucou et cocu. — Cornard et cornette. — Une vieille chanson. — L'être ou ne l'être pas. — Henri IV. — Louis XIII. — Louis XVI. — Le roi de Hollande. — Le cocu tragique. — Le cocu j'menfoutiste. — Un cocu fin de siècle. — Le duc de F... — Où est ma femme ? — Sous le secrétaire. — Le duc de G... — N'insultez pas ma maîtresse. — Un cocu qui rit jaune. — Le baron d'E... — C'est de l'empereur. — Une légende. — Le paradis n'est pas fait pour les imbéciles. — Un cocu

Pages.

qui a de l'esprit. — Un pantalon avantageant. — Messieurs, vous êtes tous cocus. — Un monsieur qui oublie sa femme. — Le divorce sous la Commune. — Oh ! mon Ferdinand. — La corde de pendu. — Un suicide dans une cheminée. — Un carambolage. — Où est le déshonneur ? — Les Kababiches. — Prends ma femme. — La princesse de Conti. — Quand je vous vois !   15

CHAPITRE II. — Mariages riches. — France, religion, famille. — L'institut matrimonial. — Une ancienne élève du Sacré-Cœur. — La belle Hermosa. — La vicomtesse de Plessis-Praslin. — Une annonce alléchante. — Une lettre curieuse. — 2,500,000 francs de dot. — Un joli baron. — Me Lachaud. — Mme Lafarge. — Étranger, mais âgé. — Une circulaire édifiante. — Le marieur. — Un valet intelligent. — 5 o/o. — La fille et la tante. — Une jolie bourse. — Un voyage d'agrément. — Un beau-père guillotiné pour viol. — Facture et littérature. — Dames de compagnies. — Un singulier mariage. — Malheureux dentiste. — Un proxénète légitime. — Un paquet d'annonces amusantes. — Une demoiselle en loterie. — Elle a perdu son caractère. — Cent mille francs dans un berceau 47

CHAPITRE III. — Les suiveurs. — Monsieur le curé en omnibus. — Madame, écoutez-moi donc. — La toile! la toile! — Mon mari va vous recevoir. — Je n'aime que les femmes mariées. — Un modèle bien emb... — Un poëte audacieux et une femme du monde. — Pantalon d'une main et souliers de l'autre. — Un drôle de dénouement. — Le suiveur puni. — Naïves ou coquines. — L'arbre révélateur. — Philomène et Pancrace. — Histoire d'un capitaine de la garde nationale. — Une femme peureuse. — Sous-lieutenant et capitaine. — Mon capitaine vous êtes coiffé. — Képi et costume de vivandière. — L'inconvénient de porter un couteau dans sa poche. — Un drapeau pour écharpe. — Cocu et pas content. — Paye le diner. — Judith et Regina. — C'est ma sœur. — La femme d'un épicier de Bagnolet. — Un costume par trop primitif. — Un appareil gênant. — Une maladresse. — C'est le bonnet de mon petit dernier. — V'là un louis, va diner. — Une bonne histoire de pochard. — Ma femme n'aura plus soif. 91

CHAPITRE IV. — Un sonnet de Victor Gresset. — Une légion de cocus. — Les femmes dociles. — Ne la tue pas, exploite-la. — Un mari surpris. — Un mari au mont-de-piété. — Soixante mille francs d'espérance. — L'ami de la maison. — Un malade imaginaire. — Un truc canaille. — Embrasse-moi et prends garde au fil ! — Un désaveu de paternité. — Lamartine et M. X... — Le jour de madame. — Une lettre impertinente. — Un secrétaire embarrassé. — Un dîner extraordinaire. — Le dessus du panier. — Prince, qu'en pensez-vous ? — Les chambellans de l'empereur vous attendent. 129

CHAPITRE V. — Un truc ingénieux. — La police en émoi. — La caisse mystérieuse. — Une grande dame romanesque. — Le camion pour Cythère. — Le phonographe révélateur. — Mon mari engraisse comme un porc. — Une singulière coïncidence. — Loulou, embrasse-moi. — Le phonographe témoin en police correctionnelle. — L'adultère

de bonne foi. — Une séparation à l'amiable.
— Un double adultère. — Une femme pratique. — Le libre échange. — Dos à dos. —
Un brigadier de gendarmerie galant. —
Aventure d'un cocu mise en vers. — Le coffret mystérieux. — Un étrange assassinat. —
Vengeance de femme. — Vingt ans après. —
Un double crime 149

CHAPITRE VI. — Les causes grasses. —
Un procès de sept ans. — Un pacha à trois
queues. — La femme à barbe. — Ah ! Zénobie ! — Madame Voltaire. — L'amoureux des
bonnes. — L'avocat général Chevrier. — Un
admirable discours. — 711,000 francs de
frais. — Où est le chêne de Saint-Louis ? —
Le marquis de Caux et madame Adelina
Patti. — Un mari roublard. — La dot sans la
femme. — Le prince Citron. — Père et fille.
— Une lecture édifiante. — Les livres qui ne se
lisent que d'une main. — Un carnet compromettant. — Fais voir.... tes dentelles. — L'aventure du café d'Orsay. — Anna de Beaupré. — Une lutte princière. — Jeunes et
vieux. — Parfait amour. — Alfred. — Un
singulier cas de folie. — Le coffret fatal. —

Pages.

Une femme prévenante. — Les anges m'appellent. — A ta santé, Baptiste. — Si madame veut trinquer ? — L'amant de sa femme. — Un mari crampon. — Une curieuse lettre. — Dieu a donné à l'homme le chameau pour traverser le désert 169

CHAPITRE VII. — Deux invalides de l'amour. — Quarante-neuf ans de séparation. — Présence d'esprit. — C'est l'horloger. — Votre balancier est usé. — Le coup du placard. — Une toque humide. — Un moyen commode d'avoir des enfants. — Un imprudent. — Les louis révélateurs. — Dix francs pour une putain. — Une dure punition. — Une ottomane à tout faire. — Une femme bien ennuyée. — C'est le commissaire. — Des formes peu ordinaires. — Va chercher Gabrielle. — Une femme bien heureuse. — Un cocu sans le savoir. — A l'exposition . . 199

CHAPITRE VIII. — Deux curieuses circulaires. — Renseignements confidentiels. — Trois cents cavernes. — Le coup de la carte postale. — Chacun son tour. — Un truqueur. — Le grand patron. — Une carotte gigantesque. — Vingt ans d'expérience. — Dos à dos pour un billet de mille. — Un procès célèbre. — L'agence Clerget. — Une vieille ci-devant. — Une correspondance édifiante. — Un ami de Marseille. — L'agent Morin. — Curieuses révélations sur l'affaire Clovis Hugues. — Une partie de cinq balles. — La cour d'assises. — Un fou plus malin que la police 223

CHAPITRE IX. — Les peines contre les adultères à travers les âges. — Mezeray. — L'article 324 du code pénal. — Voltaire et Cosita Sancta. — Saint-Augustin et Septimus, consul de Rome. — Saint-Paul et Saint-Ambroise. — Arrêtez la voleuse. — Au poste de police. — Une triste histoire. — Dévouement inutile. — La vengeance du mari. — Le poêle mobile justicier. — La malle d'Eyraud et de Gouffé. — Eyraud plagiaire. — Coup double. — Une aventure romanesque. — Un prêtre adultère. — L'expiation. — Un mari ingénieux. — Le coup du confessionnal. — Prise au trébuchet. — Une confession friande. — C'est mon photographe. — Un singulier adultère. — Mari et amant. — La tache révélatrice. — Il a couché avec la bonne. — Moi aussi. — Une femme mariée dans une maison de tolérance. — Une curieuse anomalie. — Singulier cas physiologique. — La main à la pâte. — Doit-on le dire ? — Les vrais cocus par Victor Meusy, musique de Paul Delmet. — Faut savoir prendre le dessus. Lire le *Bottin*. 257

FIN DE LA TABLE DES MATIÈRES.

www.ingramcontent.com/pod-product-compliance
Lightning Source LLC
Chambersburg PA
CBHW060404170426
43199CB00013B/2001